Arnulf von Scheliha
Friedrich Schleiermacher als Sozialphilosoph des Christentums

Arnulf von Scheliha

Friedrich Schleiermacher als Sozialphilosoph des Christentums

—

(Schleiermacher-Lecture, Berlin 2021)

DE GRUYTER

Gefördert von der Udo Keller Stiftung Forum Humanum und in Zusammenarbeit mit der Internationalen Schleiermacher-Gesellschaft e. V.

ISBN 978-3-11-102538-4
e-ISBN (PDF) 978-3-11-102645-9
e-ISBN (EPUB) 978-3-11-102703-6

Library of Congress Control Number: 2022946053

Bibliografische Information der Deutschen Nationalbibliothek
Die Deutsche Nationalbibliothek verzeichnet diese Publikation in der Deutschen Nationalbibliografie; detaillierte bibliografische Daten sind im Internet über http://dnb.dnb.de abrufbar.

© 2023 Walter de Gruyter GmbH, Berlin/Boston
Umschlagabbildung: © Albrecht Döhnert
Druck und Bindung: CPI books GmbH, Leck

www.degruyter.com

Vorwort

> Uebrigens ist mir Alles verhasst, was mich bloss belehrt,
> ohne meine Thätigkeit zu vermehren, oder unmittelbar zu beleben.
> Johann Wolfgang Goethe[1]

Den produktiven Beitrag Schleiermachers für gegenwärtige Fragen zu diskutieren – auf diese kurze Formel kann man das Anliegen und die Idee der Schleiermacher-Lectures an der Theologischen Fakultät der Humboldt-Universität zu Berlin bringen. Geschichte und Gegenwart, Überlieferung und Erfahrung, Tradition und Moderne sollen miteinander ins Gespräch gebracht werden. Verstrebungen, Verbindungen, aber auch Dissonanzen und notwendige Fortschreibungen sollen erkennbar werden. Es geht um eine aktive, produktive, dynamische und transformative Rezeptionsbeziehung – also um eine Rezeptionsbeziehung, die klassische Texte der theologischen Tradition auf vielfältige Weise mit gegenwärtigen Fragen und Denkbewegungen verbindet, diese anregt, irritiert, bestätigt, verfremdet. Die Texte und Gedanken Schleiermachers sollen gerade nicht ‚bloß' historisch zitiert oder repetiert werden. Sie sollen auch nicht nur eklektisch zur Unterlegung eigener Positionen herangezogen werden. Denn sie wollen – um die Wortwahl Goethes aufzugreifen – nicht nur belehren, sondern unmittelbar beleben. Die Gegenwart und ihre Herausforderungen sind auf eine solche Anregung und Belebung dringend angewiesen. Eine Theologie, die sich ausschließlich auf die empirische Beschreibung gegenwärtiger Konstellationen beschränken würde, würde ebenso ins Leere laufen wie eine Theologie, die aus den Texten der Tradition ausschließlich normative Ansprüche abzuleiten bemüht wäre. Die Schleiermacher-Lectures zielen also auf eine aktive Rezeption, auf produktive Ergänzung, auf Assoziation, Weiterdenken, Transparentmachen, Ausprobieren. Dass Schleiermachers Werk für eine religionskulturell orientierte Praktische Theologie von bleibendem Interesse ist, davon gehen wir aus. Arnulf von Scheliha macht diese Zusammenhänge am Beginn seines Vortrags unter dem Titel „Warum wir heute Schleiermacher lesen (sollen)" explizit zum Thema.

---

[1] Mit diesem Zitat eröffnet bekanntlich Nietzsche seine Überlegungen zum „Nutzen und Nachtheil der Historie für das Leben". Vgl. Friedrich Nietzsche, „Unzeitgemäße Betrachtungen. Zweites Stück: Vom Nutzen und Nachtheil der Historie für das Leben", in Ders., *Sämtliche Werke. Kritische Studienausgabe I*, hg. von Giorgio Colli und Mazzino Montinari (München: Deutscher Taschenbuch Verlag, ²1988), 245–334, 245.

Dass eine solche Rezeptionsbeziehung durch die Zeitumstände selbst noch einmal dynamisiert werden kann, haben die zurückliegenden Jahre gelehrt. Die Schleiermacher-Lectures wurden, nolens volens, zu einem Kommentar der Zeit. In ihnen zeigen sich in nuce die Veränderungen und Verwerfungen der zurückliegenden Jahre. 2019 eingerichtet, spiegeln sie bereits jetzt in Thema und Inhalt den gesellschaftlichen Umbruch, der im Gange ist. Die erste Lecture, gehalten von Thomas Erne, ging im Anschluss an Schleiermachers Ästhetik der Frage nach Transzendenzerfahrungen in der Gegenwartskunst nach. Die Diskussion von „autonomen Sinndomänen" in der Kunst führte Erne zu dem Impuls, im Dialog mit der Kunst das kreative Potential des Protestantismus neu zu entdecken – „Potentiale, die er in der momentanen Lage dringend benötigt"[2], so der Schlusssatz bei Erne.

Die „momentane" Lage am Ende des Jahres 2019 war indes eine gänzlich andere als die „momentane" Lage der folgenden Lecture. Es war eine Lage *vor* der Corona-Pandemie. Diesen Geist des „Davor" spürt man bei der heutigen Lektüre des Textes – leicht, heiter, zuversichtlich. Viele Dinge, die seit März 2020 in das Leben fielen, waren damals kaum vorstellbar gewesen – landesweite Ausgangssperren, Kontaktbeschränkungen, Hamsterkäufe, Schul- und Universitätsschließungen, massive Ein- und Beschränkungen für die kirchliche Praxis in Gottesdienst und Seelsorge und vieles mehr.

Die zweite, eigentlich für 2020 geplante Lecture von Arnulf von Scheliha fand – eben aus Gründen der Pandemie – erst im Dezember 2021 statt, zu einem Zeitpunkt, als neben den medizinischen und politischen Dimensionen der Pandemie auch intensiv deren Folgen für die Gesellschaft als Ganze und für unterschiedliche gesellschaftliche Teilsysteme diskutiert wurden. Denn es hatte sich gezeigt: Unter den Bedingungen der Pandemie wurden die vielfältigen Voraussetzungen von sozialen Strukturen und Beziehungen, die bislang als selbstverständlich vorhanden angenommen wurden, allgemein erkennbar. Jetzt wurde deutlich, dass diese Voraussetzungen alles andere als selbstverständlich sind, dass sie vielmehr hochgradig bedingt und damit immer gefährdet sind. Als die Routinen des Alltags und der alltäglichen Beziehungen außer Kraft gesetzt wurden, wurden die positiven sozialen Entlastungsfunktionen solcher Routinen und alltäglichen Beziehungen allererst sichtbar, damit aber auch ihre Verletzbarkeit. Entsprechend heterogen waren die Reaktionen – von starker Solidarität, enormer Hilfsbereitschaft, Stärkung des sozialen Nahbereichs und des Zu-

---

[2] Thomas Erne, *Transzendenz im Plural. Schleiermacher und die Kunst der Moderne* (Berlin/Boston: De Gruyter, 2022), 29.

sammenhalts bis hin zu wachsendem Misstrauen, zu Segregation, ja auch Ent- oder Desolidarisierung und finsteren Verschwörungsideen.

Auch die Kirchen haben sich der politischen Devise „Rücksichtnahme durch Geselligkeitsverzicht" (Armin Nassehi) rasch und weitgehend (zu?) umstandsfrei angeschlossen. Vor allem ihre öffentliche Ritual- und Seelsorgepraxis war davon stark betroffen. Abgesagte Gottesdienste, geschlossene Kirchen, Beschränkungen der Teilnehmerzahlen bei Bestattungen waren der sichtbare Ausdruck einer Kirche, die der ‚Bürgerpflicht des Distanzhaltens' nachzukommen suchte. Im Gegenzug wurden mit großer Kreativität digitale Formate wie gestreamte Gottesdienste entwickelt und gepflegt. Über die Reichweite solcher Angebote wird freilich gestritten. Ebenso darüber, ob die Kirchen allzu defensiv reagiert haben, insbesondere was die Absage von Gottesdiensten bzw. deren Verlagerung ins Digitale angeht sowie die Einschränkung von Seelsorgeangeboten. Sind die Kirchen ihrer Funktion für die Gesellschaft – öffentliche Bereitstellung und Pflege religiöser Ressourcen und Deutungsangeboten – in der Pandemie gerecht geworden oder haben sie sich selbst marginalisiert?

Die Diskussion solcher Fragen war im Dezember 2021 längst in vollem Gange. Das *vor* Ausbruch der Pandemie gewählte Thema der Lecture „Schleiermacher als Sozialphilosoph des Christentums" hätte jetzt aktueller nicht sein können. Luzide arbeitet Arnulf von Scheliha heraus, wie Schleiermacher – in gesellschaftlich wie kirchlich kaum weniger transformativen und krisenhaften Zeiten – eine dezidiert christliche Sozial- und Gesellschaftstheorie entfaltet. Für die skizzierte Frage wird dabei mindestens zweierlei erkennbar: Im Blick auf die Gesellschaft sollten Kirchen darauf insistieren, „systemrelevant" zu sein, eben weil sie Sinnressourcen und religiöse Deutungsangebote zur Verfügung stellen, welche die anderen gesellschaftlichen Akteure nicht vorhalten können, auch nicht vorhalten müssen, welche aber in einer Gesellschaft benötigt werden. Und es ist der Gottesdienst, in welchem und mit welchem die Kirche und die einzelnen Christinnen und Christen ihren Platz in und für die Gesellschaft markieren. Denn mit „Gottesdienst" wird beides bezeichnet – die „sonntägliche Feier" und „eine Art *Habitus*, durch den das göttliche Wesen in den gesamten Lebensvollzug hineinwirkt" (von Scheliha). Auch wenn Schleiermachers Vorstellung eines „Gottesdienstes im weiteren Sinne" daran erinnert, dass „Christinnen und Christen in allen sozialen Bereichen tätig sind" (von Scheliha), wird doch zugleich deutlich, dass auch die öffentlichen, gemeinschaftlichen Praktiken und Rituale der Religionspflege nicht einfach aus- oder ersetzt werden können. Auch der „Gottesdienst im engeren Sinn" ist und bleibt konstitutiv für das Christentum und für die Kirche. Er kann nicht durch ethische Diskurse, Appelle und Praktiken ersetzt werden. Das ist die (selbst-)kritische Perspektive, die eine

Auseinandersetzung mit Schleiermacher auf den aktuellen Diskurs um den Umgang der Kirchen mit der Pandemie freilegt.

Daneben tritt eine zweite, stärker affirmative Perspektive. Immer wieder insistiert Schleiermacher darauf, dass das Christentum nicht in der Kirche aufgeht, sondern in unterschiedlichen sozialen Konstellationen identifizierbar ist. Dafür steht die Theorie der „Mittelglieder", wie sie von Scheliha ausführlich rekonstruiert und wie sie insbesondere für den Protestantismus von Bedeutung ist. Immer schon hat das Christentum volatile Sozialformen des Religiösen generiert. Man denke an unterschiedliche Formen der Gastfreundschaft, an das Phänomen der Freundschaft, an Vereine, Orden oder binnenkirchliche Gemeinschaften, allesamt „Sozialformen auf der Basis schwacher Institutionalisierung" (von Scheliha). Diese Denkfigur ermöglicht es, im Anschluss an Schleiermacher auch die gegenwärtig so beliebten digitalen Formen religiöser Vergemeinschaftung konstruktiv in eine Sozialtheorie des Christentums einzuzeichnen und ihnen dabei weder zu wenig noch zu viel Bedeutung zuzuschreiben. Sie sind etwas für das Christentum Typisches, freilich auf eigene Weise. Darauf macht von Scheliha behutsam, aber nachdrücklich aufmerksam.

Dass ich mich hier auf Fragen des Gottesdienstes beschränke, mag zeigen, wie fruchtbar das Gespräch zwischen Systematischer und Praktischer Theologie sein kann und welch ungeheuren praktisch-theologischen Ertrag die Rekonstruktion von Schleiermachers Sittenlehre hat – „unmittelbar belebend". Denn am Ende lässt sich aus ihr, gerade angesichts des „höchst krisenreichen Prozeß[es] der Umformung der Sozial- und Bewußtseinsgestalt"[3] der christlichen Religion, der mit Abbruch- und Verlusterfahrungen verbunden sein kann, doch auch Handlungszuversicht ableiten. Gemeint ist die Bereitschaft und Tatkraft, die Transformationen konstruktiv und nicht lamentierend zu deuten und entsprechend zu gestalten.

Die dynamischen und lebendigen Rezeptionsbeziehungen, für die die Schleiermacher-Lectures stehen wollen, sind nur dank großzügiger Unterstützung möglich. Hier ist zuallererst die großzügige Förderung durch die Udo Keller Stiftung Forum Humanum zu nennen, die dieses Projekt wohlwollend begleitet und finanziert und auch die Drucklegung unterstützt. Mein besonderer Dank gilt hierbei Herrn Dr. Cai Werntgen und Frau Alexandra Fricke. Dass die Internationale Schleiermacher-Gesellschaft sich der Lecture verbunden sieht, wird in diesem Band durch das Geleitwort von Brent Sockness (Stanford) deutlich. Auch hier den allerbesten Dank! Für die Verbindung zur Schleiermacher-

---

[3] Ulrich Barth, „Säkularisierung und Moderne. Die soziokulturelle Transformation der Religion", in Ders., *Religion in der Moderne* (Tübingen: Mohr Siebeck, 2003), 127–165, 164.

Forschungsstelle an der Berlin-Brandenburgischen Akademie der Wissenschaften (BBAW) steht der immer freundliche und anregende Kontakt mit Dr. Sarah Schmidt.

Die Redaktion des Bandes hat mit großer Sorgfalt und Geduld Frau Hanna Wassink (Münster) übernommen. Herr Pfr. i.E. Oliver Wegscheider (Berlin) hat den Abschluss der Korrekturen koordiniert.

Herr Dr. Albrecht Döhnert hat die Veröffentlichung dieser Lecture energisch unterstützt und immer wieder vorangetrieben. Seine Expertise hat er immer wieder großzügig zur Verfügung gestellt. Dafür danken wir sehr.

Last but not least danke ich herzlich Arnulf von Scheliha. Unmittelbar vor einem erneuten Lockdown ließ er es sich am 1. Dezember 2021 nicht nehmen, zu einem persönlichen Vortrag nach Berlin zu kommen. Weder die notwendige drastische Beschränkung der präsentisch teilnehmenden Gäste noch die kurzfristige Zuschaltung einer dafür umso größeren virtuellen Hörerschaft haben ihn geschreckt. Er hat an diesem Abend in großartiger Weise demonstriert, wofür Theologie da ist – nämlich auch in Zeiten allgemeiner Verunsicherung an die Klassiker der Tradition zu erinnern, den Respekt vor den großen Denkbewegungen des Christentums dadurch zum Ausdruck zu bringen, dass man ihnen in Ruhe nachdenkt, in einer Unaufgeregtheit, die sich für das Grundsätzliche interessiert. Weil stets das Grundsätzliche und nicht das Modische das Aktuelle ist. Dafür bin ich sehr dankbar.

Am Ende ist die Veröffentlichung der Lecture von der Aktualität ihres Denkens eingeholt worden. Mitten in die Pläne zur Veröffentlichung fiel der Beginn des Ukraine-Kriegs am 24. Februar 2022. Der Krieg, der spätestens nach 2014 nach Europa zurückgekehrt war, geriet nun auch in das öffentliche Bewusstsein der westeuropäischen Gesellschaften. Die Diskussion um seine Ursachen und Folgen sowie die Suche nach einem Frieden sind der Horizont dieser Veröffentlichung, die damit auch an die bei Schleiermacher beschriebene sittliche Aufgabe erinnert, die „Feindseligkeit unter den Völkern" zu überwinden. Oder – wie es von Scheliha formuliert: Der „Friede in der Staatengemeinschaft" ist selbst ein „Mittelglied" christlicher Sozialpraxis.

Berlin, im August 2022
Ruth Conrad

Geleitwort

On behalf of the International Schleiermacher Society, it is my pleasure and privilege to offer a brief word in anticipation of the lecture-cum-monograph to follow.

As a longtime observer of the German Schleiermacher scene, I can attest to the fact that four decades of steady progress on the Schleiermacher Critical Edition at research centers in Berlin and Kiel have set the bar for future work on Schleiermacher very high. Thanks to three generations of forward-looking editors, the institutional infrastructure furnished by Germany's excellent state universities and academies, and the financial support of public and private benefactors, Schleiermacher scholarship has become an increasingly specialized and exacting endeavor. Never before have theologians, philosophers, intellectual historians, and other scholars in the humanities had at their disposal such a comprehensive and reliable textual foundation for interpreting, evaluating, and critically appropriating Schleiermacher's sprawling achievement. No longer can scholarly debate about the so-called father of modern theology rely upon the same handful of well-worn texts published during their author's lifetime—or, for that matter, upon the nineteenth-century *Sämmtliche Werke*, which has surely seen its day. In short, there is today simply no way around the philological riches of the *Kritische Gesamtausgabe* (KGA) and the bourgeoning specialist literature spawned by it. This fact is no doubt as intimidating to emerging scholars as it is to university students cramming for their theological exams. All of which makes an annual lecture devoted to probing the contemporary relevance of this explosion in knowledge about Schleiermacher as welcome as it is compelling.

At the center of Professor von Scheliha's Schleiermacher Lecture stand Schleiermacher's largely neglected and easily misconstrued university lectures on Christian ethics. These course lectures, preserved in a few manuscripts and a surprising number of student notebooks, are only now being readied for their long-awaited incorporation into the KGA. Because of this, von Scheliha opts to pursue a double strategy that at once masterfully sums up the current *status quaestionis* concerning the character and shape of the discipline as Schleiermacher envisioned it and suggests fresh avenues of inquiry to be pursued in tandem with the critical redaction of the sources. On my reading, three features of this approach account for this little book's success: First, the exposition comprising the lecture's first half concisely orients the non-specialist reader to the placement and status of Christian ethics within Schleiermacher's highly differentiated theological and philosophical program. In this respect, von Scheliha's analysis offers a new generation of readers a roadmap reminiscent of Hans-

Joachim Birkner's groundbreaking study of 1964. Second, von Scheliha's exceedingly sensitive interpretation of his sources rewards even the specialist reader with something genuinely new. I am referring here to his discovery of a heretofore overlooked "theory of intermediary associations" (*Theorie der Mittelglieder*) hidden in the marginalia of the manuscripts. This detection of the presence of fluid and fleeting social formations lying between and beyond the more permanent institutions of church, family, and state that otherwise occupy Schleiermacher's "social philosophy of Christianity" suggests that Schleiermacher's already subtle account of the modalities through which the dynamics of Christian redemption play themselves out in society as a whole turns out to be even more complex than we imagined. This finding, in turn, enables Professor von Scheliha, thirdly, to venture some preliminary thoughts about how this more refined understanding of Schleiermacher's framework for conceptualizing the Christian life might help Protestant theologians today engage productively with the debates over secularization taking place in sociology, on the one hand, and with the possibilities and limits of ecumenical cooperation in Germany, on the other. It must be said that posterity has not been kind to Schleiermacher's Christian ethics. Even a theologian as sympathetic to Schleiermacher's program as Ernst Troeltsch could arrive at the damning conclusion that "Schleiermacher's theological ethics no longer has anything to do with the vital problems of the present" ("Grundprobleme der Ethik," 1902/1913, section one). On the contrary, Professor von Scheliha gives us reason to believe that the type of "Christian social theory" implicit in Schleiermacher's Christian *Sittenlehre* was in fact two centuries ahead of its time.

I wish to express my gratitude to my erstwhile fellow officers on the steering committee of the Schleiermacher-Gesellschaft. Surely one of the most rewarding aspects of my work in the Society's *Vorstand* was getting to know this book's author and two other colleagues whose names will likewise be familiar to many readers. For the past ten years, Arnulf von Scheliha, Jörg Dierken, Sarah Schmidt, and I have been in regular contact, organizing the Society's conferences and colloquia and devising ways to extend the Society's reach and impact beyond Germany. As administrative duties go, this teamwork has been some of the most pleasant and rewarding of my career. It is only fitting, then, that I take this opportunity to thank my esteemed colleagues publicly for their friendly cooperation, high standards, and wise counsel.

Brent W. Sockness
Zweiter Vorsitzender der Schleiermacher-Gesellschaft e.V. (2006–2021)
Associate Professor of Religious Studies, Stanford University

Inhalt

Vorwort —— V

Geleitwort —— XI

Schleiermacher als Sozialphilosoph

Warum wir heute Schleiermacher lesen (sollen) —— 1

Schleiermachers christliche Sozialphilosophie —— 3

Schleiermacher als Denker konfessioneller Pluralität —— 5

Die Vorlesungen zur Christlichen Sittenlehre als Quelle für Schleiermachers Sozialphilosophie des Christentums —— 7

Das Verhältnis von Philosophischer Ethik und Theologischer Sittenlehre —— 10

Das Verhältnis von Glaubens- und Sittenlehre: Der Begriff des Gefühls —— 12

Die Theologische Ethik zwischen Deskription und Präskription —— 14

Die Ableitung der Typen des christlichen Handelns —— 18

Die Realisierung der christlichen Sitte in Kirche, Familie und Staat —— 20

Die Verfeinerung der christlichen Sozialtheorie durch die „Mittelglieder" —— 26

Die kategoriale Bedeutung von Schleiermachers christlicher Sozialphilosophie für die zeitdiagnostische Beschreibung des Christentums —— 33

Die theologische Bedeutung der vielgestaltigen Realisierungsformen des Christentums —— 37

Ein ökumenischer Ausblick —— 40

Literaturverzeichnis —— 43

Schleiermacher als Sozialphilosoph

Warum wir heute Schleiermacher lesen (sollen)

„Schleiermacher, der Kirchenvater des 19. Jahrhunderts"[1] – dieser Titel des 1907 publizierten Büchleins von Christian Lülmann ist in der protestantischen Theologie zu einem geflügelten Wort geworden, weil es die immense theologische Wirkung von Leben und Werk des Berliner Predigers und Universitätsprofessors Friedrich Daniel Ernst Schleiermacher (1768–1834) treffend beschreibt. *Gegenwärtig* freilich leben und denken wir im 21. Jahrhundert und es versteht sich keineswegs von selbst, dass man Schleiermacher heutzutage die gleiche Bedeutung zuschreibt, wie es Lülmann und viele seiner Zeitgenossen für das 19. Jahrhundert getan haben. Faktisch weist denn auch die Kurve der Schleiermacher-Rezeption Höhen und Tiefen auf. Zu der Zeit Lülmanns ließ das Interesse an den theologischen Vorgaben Schleiermachers sogar nach. Die damals emporstrebende Theologengeneration orientierte sich an anderen Paradigmen und die Kritik an Schleiermacher überwog.[2] Erst nach dem Zweiten Weltkrieg bahnte sich eine sogenannte Schleiermacher-Renaissance an, die sich aktuell in der von Hans-Joachim Birkner (1931–1991) begründeten *Kritischen Gesamtausgabe* (KGA) der Werke Schleiermachers manifestiert.[3] Seit 1980 erscheinen die Bände des in fünf Abteilungen gegliederten Gesamtwerkes (I. Schriften und Entwürfe, II. Vorlesungen, III. Predigten, IV. Übersetzungen, V. Briefe und biographische Dokumente). Inzwischen sind 57 Bände erschienen (Stand August 2022), die Abteilungen I. und III. liegen vollständig vor.[4] Im Rahmen dieser Werkausgabe werden viele Texte Schleiermachers durch die verdienstvolle Arbeit der Editorinnen und Editoren erstmals für das wissenschaftliche Publikum zugänglich.

---

[1] Christian Lülmann, Schleiermacher, der Kirchenvater des 19. Jahrhunderts (Tübingen: Mohr, 1907).

[2] Exemplarisch sei in diesem Zusammenhang auf das Buch von Emil Brunner verwiesen: Emil Brunner, *Die Mystik und das Wort. Der Gegensatz zwischen moderner Religionsauffassung und christlichem Glauben, dargestellt an der Theologie Schleiermachers* (Tübingen: Mohr, 1924 ²1928).

[3] Vgl. Hans-Joachim Birkner, „Die Kritische Schleiermacher-Ausgabe zusammen mit ihren Vorgängern vorgestellt", in Ders., *Schleiermacher-Studien*, hg. von Hermann Fischer (Berlin/New York: De Gruyter, 1996), 309–335 und Ders., *Die Schleiermacher-Gesamtausgabe. Ein Editionsunternehmen der Schleiermacher-Forschungsstellen Berlin und Kiel* (München: Oldenbourg, 1990), 337–343.

[4] Vgl. zum Stand der Edition: Kritische Gesamtausgabe — Theologische Fakultät der Christian-Albrechts-Universität zu Kiel (uni-kiel.de).

Aber noch immer gibt es verborgene Texte, die der Auswertung harren. Das betrifft auch das Thema, das in diesem Buch in den Fokus gerückt wird, nämlich Schleiermachers theologische Ethik. In jedem Fall hat die *Kritische Gesamtausgabe* die Erforschung des Werkes von Friedrich Schleiermacher auf eine neue Stufe gehoben[5] und bildet die Grundlage der bis heute florierenden Bemühungen um die Interpretation der Anregungen, die von Friedrich Schleiermacher ausgehen.

Freilich ist das Faktum einer blühenden und hoch differenzierten Schleiermacher-Forschung für sich genommen noch kein Beleg für die Aktualität von Schleiermachers Theologie, denn die Forschung könnte sich ja auch einem rein historischen oder bloß archivalischem Interesse verdanken. Ja, man könnte sogar noch zuspitzen und den historischen Graben zwischen der Gegenwart und Schleiermacher noch breiter denken, wenn man berücksichtigt, dass fast die Hälfte der Lebenszeit Schleiermachers ins 18. Jahrhundert fällt und dass er vor dem Jahr 1800 die entscheidenden bildungsbiographischen Prägungen empfing.

Zugleich aber deutet sich mit diesem Hinweis auf den Beginn der sogenannten Sattelzeit an, dass es gerade die Prägungen durch die Philosophie und Theologie der Aufklärungszeit, die Frühromantik und die idealistische Philosophie sind, die Schleiermachers Denken insgesamt so modernitätsaffin machen und seine Theologie als Antwort auf Fragen erscheinen lassen, die das Denken, Fühlen und Wollen des neuzeitlichen Menschen an das Christentum stellen. Darin bestand jedenfalls schon Schleiermachers eigene Absicht. Der ersten seiner berühmten Reden „Über die Religion" gab er die programmatische Überschrift „Apologie". Innerhalb der von ihm später entworfenen Philosophischen Theologie spielt die *Apologetik* eine wesentliche Rolle. Sie hat die Aufgabe, „die Wahrheitsüberzeugung des Christentums bestärkend in Umlauf zu bringen"[6] und mit vernünftigen Gründen gegen Kritik zu verteidigen. In diesem Zusammenhang hat Schleiermacher überragende, weil innovative methodische, wissenschaftssystematische, philosophische und fachwissenschaftlich-theologische Standards gesetzt, die weit über das damalige apologetische Interesse hinausführen und bis heute wegweisend sind. Sie begründen nicht nur seine bereits angedeutete Wirkungsgeschichte, sondern haben auch deshalb klassischen Rang, weil man sich selbst dort, wo man theologisch andere Wege ein-

---

[5] Eine Bilanz der Forschung wird gezogen bei Martin Ohst, Hrsg., *Schleiermacher-Handbuch* (Tübingen: Mohr Siebeck, 2017).
[6] Martin Rössler, *Schleiermachers Programm der Philosophischen Theologie*, Schleiermacher-Archiv 14 (Berlin/New York: De Gruyter, 1994), 117.

schlagen will, mit Gewinn an seinen Vorgaben abarbeitet. Insofern lohnt auf allen Gebieten der protestantischen Theologie bis in die Gegenwart der ver- oder doch abgleichende Blick mit dem Werk Schleiermachers. Die begründete Vermutung, dass seine religionstheoretischen, dogmatischen, exegetischen oder praktisch-theologischen Grundeinsichten in der Gegenwart relevant sein könnten, inspiriert die Schleiermacher-Forschung immer wieder. Und wie für jeden Klassiker beziehungsweise jede Klassikerin gilt auch für Schleiermacher, dass man selbst in dem Fall, in dem man sich mit Gründen von seinem Werk oder einzelnen Gedanken distanziert, von ihm gelernt oder doch zumindest Anregungen erhalten hat.[7]

Schleiermachers christliche Sozialphilosophie

Der Nachweis, dass man die Texte Schleiermachers mit theologischem Gewinn für die Gegenwart liest, kann nicht als selbstverständlich vorausgesetzt werden, sondern muss im Einzelfall geprüft, erwogen und ausprobiert werden. In diesem Buch soll dies für Schleiermachers ethische Theorie des Christentums geschehen. Sie gehört zu den noch wenig erschlossenen Gebieten seines Denkens. Während seine Erstlingsschrift „Über die Religion. Reden an die Gebildeten und ihren Verächtern" (1799 ²1806 ³1821 ⁴1831), seine theologische Enzyklopädie „Kurze Darstellung in das theologische Studium" (1811 ²1830) und sein dogmatisches Hauptwerk „Der christliche Glaube" (1821/22 ²1830/31) textlich und interpretatorisch sehr gut erschlossen und im theologischen Diskurs der Gegenwart stark präsent sind, gilt dies für Schleiermachers Theologische Ethik nicht in der gleichen Weise. Das hängt unter anderem mit der Quellenlage zusammen, auf die unten einzugehen ist. Ein *inhaltlicher* Grund ist, dass sich inzwischen das Verständnis der christlichen Ethik stark verändert hat. Während man in der Gegenwart vor allem das kritische Potenzial der Grundeinsichten des christlichen Glaubens herausstellt und die christliche Ethik als Gegenkraft gegen negative Tendenzen in der Gesellschaft versteht, ist Schleiermachers Ethik auf den Normalfall des christlichen Handelns ausgerichtet und beschreibt die christliche Sitte, wie sie üblicherweise kultiviert wird. Dabei hat er vorrangig konventionelle Handlungsvollzüge vor Augen, wie etwa den sonntäglichen Gottesdienst, die tägliche Kindererziehung oder die Verantwortung des Staates für die Wohl-

---

[7] Exemplarisch sei für eine solche Haltung auf Karl Barths Essay zu Schleiermacher verwiesen: Karl Barth, „Nachwort", in Heinz Bolli, Hrsg., *Schleiermacher-Auswahl* (Gütersloh: Mohn, ²1980), 290–312.

fahrt aller Menschen. Ethische Dilemmata oder Ausnahmesituationen, die heute oftmals Ausgangspunkt des ethischen Nachdenkens und als Ort der Bewährung der christlichen Gesinnung angesehen werden, spielen in Schleiermachers Ethikkonzeption allenfalls eine nachgeordnete Rolle.

Faktisch sind denn auch die ethischen Themen, die Schleiermacher in seinen Vorlesungen bearbeitet, in einem hohen Maße den Fragestellungen seiner Gegenwart verhaftet. In diesem Buch soll aber ein anderer Aspekt seiner Christlichen Sittenlehre in den Mittelpunkt gerückt werden. Denn Schleiermacher entwirft seine Christliche Sittenlehre nicht als eine rein kirchliche Ethik, sondern analysiert die Bedeutung des christlichen Handelns in sehr verschiedenen gesellschaftlichen Sphären. Selbst der Begriff der Kirche wird, wie gleich zu zeigen sein wird, ausdifferenziert. Bereits das formale Gerüst, in dem Schleiermacher die Ziele des christlich motivierten Handelns beschreibt, konturiert eine differenzierte Sicht auf die Gesellschaft, in der der Gemeingeist des Christentums multiple Gestalt annimmt. Seine Christliche Sittenlehre führt auf eine Theorie des Christentums, die dieses in vielerlei sozialen Konstellationen identifizieren kann. In dieser Strukturtheorie des Christentums liegt eine große Herausforderung für unsere Gegenwart, in der oftmals, wie zum Beispiel im Programm der Öffentlichen Theologie, das Christentum auf die Kirche reduziert wird.[8]

Thema dieses Buches ist daher Schleiermachers *christliche* Sozialphilosophie. Darunter verstehe ich Schleiermachers Sicht auf die Sozialformen, die das Christentum hervorgebracht hat und seine Einschätzung der kulturellen Wirkungen, mit denen es das menschliche Zusammenleben spezifisch prägt. Die Kirche verkörpert darin nur *eine* Sozialgestalt des Christentums. Schon diese Grundeinsicht kann für die Gegenwart Bedeutung haben. In Zeiten eines unbestreitbaren Relevanzverlustes der christlichen Kirchen in den modernen Gesellschaften stellt sich religionssoziologisch und theologisch die Frage, ob mit der Schwächung der Bedeutung der Kirchen zugleich ein Schwund der Präsenz des Christentums als Glaubensidee, ethischer Impulsgeber oder Kulturmacht verbunden ist. Diese Frage soll später im Rückgriff auf die Anregungen Schleiermachers beantwortet werden.

---

[8] Vgl. z. B. Florian Höhne, Frederike van Oorschoot, Hrsg., *Grundtexte Öffentliche Theologie* (Leipzig: Evangelische Verlagsanstalt, 2015).

Schleiermacher als Denker konfessioneller Pluralität

Ein erster Befund zum Thema „Christentum und Kirche" steht schon sehr lange fest und findet sich in Schleiermachers dogmatischem Hauptwerk „Der christliche Glaube", das ganz besonders stark die protestantische Theologiegeschichte des 19. Jahrhunderts geprägt hat. Für unser Thema ist der dogmatische Entwurf deshalb von besonderer Bedeutung, weil Schleiermacher sein theologisches Hauptwerk ganz bewusst als „Unionsdogmatik" konzipiert hat, wie aus dem Langtitel „[....] nach den Grundsätzen der evangelischen Kirche dargestellt" hervorgeht. Programmatisch will Schleiermacher mit seiner „Glaubenslehre", wie sie abgekürzt genannt wird, die innerprotestantischen Lehrunterschiede zwischen Reformierten und Lutheranern überwinden, die sich 1817 in Preußen unter seiner aktiven Beteiligung zu einer Unionskirche zusammengeschlossen hatten. Vor dem Hintergrund dieses gesamtprotestantischen Anliegens schärft Schleiermacher den mentalen und lehrmäßigen Gegensatz zum römischen Katholizismus ein und prägt die prominent gewordene Formel, nach der der „Protestantismus [...] in seinem Gegensaz zum Katholizismus nicht nur als eine Reinigung und Rükkehr von eingeschlichenen Mißbräuchen, sondern auch als eine eigenthümliche Gestaltung des Christenthums anzusehen"[9] ist. Mit dieser Formulierung deutet Schleiermacher eine Theorie des Christentums an, in der zumindest zwei Konfessionen als individuelle und gleichursprüngliche Realisierungsgestalten des Christentums anzusehen sind. Die Konfessionen unterscheiden sich voneinander durch die Bedeutung, welche die Kirche für den Glauben an Jesus Christus spielt. Der berühmte § 28 der Glaubenslehre lautet:

> Vorläufig möge man den Gegensaz so fassen, daß der Protestantismus das Verhältniß des Einzelnen zur Kirche abhängig macht von seinem Verhältniß zu Christo, der Katholizismus aber umgekehrt das Verhältniß des Einzelnen zu Christo abhängig macht von seinem Verhältniß zur Kirche.[10]

Diese Formulierung gibt zu erkennen, dass beide konfessionelle Typen nicht aufeinander reduziert werden können. Sie verkörpern unterschiedliche Gestal-

---

9 Friedrich Schleiermacher, *Der christliche Glaube 1821/22*, hg. von Hermann Peiter (Berlin/New York: De Gruyter, 1984a), § 27 Leitsatz, 97.
10 Schleiermacher 1984a, § 28 Leitsatz, 99. Vgl. dazu vor allem Martin Rössler, „Protestantische Individualität. Friedrich Schleiermachers Deutung des konfessionellen Gegensatzes", in Arnulf von Scheliha, Markus Schröder, Hrsg., *Das protestantische Prinzip. Historische und Systematische Studien zum Protestantismusbegriff* (Stuttgart: Kohlhammer, 1998), 55–75.

tungen, in denen sich die religiöse Grundidee des Christentums verwirklicht. Insofern hat Sabine Schmidtke jüngst Schleiermacher mit einigem Recht als „Divergenz-Ökumeniker" bezeichnet.[11] Das bedeutet vor allem: Eine kirchliche Einheits-Ökumene kann unter diesen kategorialen Voraussetzungen nicht gedacht werden. Positiv gewendet: Die kirchliche Sozialgestalt des Christentums gibt es für Schleiermacher nur im Plural. Insofern „kann es bei uns keine [...] für diese Zeit allgem[eine] christliche Sittenlehre geben, weil die christliche Kirche in der Erscheinung getrennt ist."[12] Warum sich aber trotz dieser Pluralitätsthese mit Schleiermachers Theorie des Christentums eine ökumenische Perspektive verbinden kann, soll am Ende erörtert werden.

Zuvor sollen *alle* Sozialformen in den Blick genommen werden, in denen sich nach Schleiermacher das Christentum realisiert. Dafür beziehen wir uns auf eine Quelle, die bisher in der Forschung minder stark beachtet wurde, die aber für die Entfaltung von Schleiermachers Sozialtheorie des Christentums von größter Bedeutung ist, nämlich seine Vorlesungen über die Christliche Sittenlehre, die er zu seinen Lebzeiten nicht veröffentlicht hat. Sie wurden nach seinem Tod in den *Sämmtlichen Werken* unter dem parallel zur „Glaubenslehre" konstruierten Titel *Die christliche Sitte nach den Grundsätzen der evangelischen Kirche im Zusammenhang dargestellt* herausgegeben. Ihre kritische Edition im Rahmen der *Kritischen Gesamtausgabe* steht noch aus. Aber schon jetzt lassen sich bisher unentdeckte Konturen von Schleiermachers christlicher Sozialtheorie skizzieren, die nach der vollständigen Edition der Quellen zur Christlichen Sittenlehre eingehender zu analysieren wären.

---

11 Vgl. Sabine Schmidtke, „Schleiermacher als Ökumeniker", in *Der reformierte Schleiermacher. Prägungen und Potentiale seiner Theologie*, hg. von Anne Käfer, Constantin Plaul und Florian Priesemuth, Schleiermacher-Archiv 28 (Berlin/Boston: De Gruyter, 2020), 221–233, 226.
12 Friedrich Daniel Ernst Schleiermacher, *Christliche Sittenlehre (Vorlesung im Wintersemester 1826/27). Nach größtenteils unveröffentlichten Hörernachschriften und teilweise unveröffentlichten Manuskripten Schleiermachers*, herausgegeben und eingeleitet von Hermann Peiter (Berlin: Lit-Verlag, 2011a), 12.

Die Vorlesungen zur Christlichen Sittenlehre als Quelle für Schleiermachers Sozialphilosophie des Christentums

Der Quellenbestand

Die Vorlesungen über die „Christliche Sittenlehre" sind fester Bestandteil der akademischen Lehrtätigkeit Schleiermachers, der 1804 an die Universität Halle berufen wurde.[13] Bereits für das Wintersemester 1804/05 findet sich die Vorlesung im Lektionskatalog der Universität. Freilich hat Schleiermacher diese Vorlesung doch nicht gehalten, sondern stattdessen eine Vorlesung über die Philosophische Ethik vorgetragen. Erst im Sommersemester 1806 nahm er sich die „christliche Moral" vor. Nach seiner Berufung an die neugegründete Universität Berlin hat er die Vorlesung über die Christliche Sittenlehre Winter 1809/10 vorgetragen und noch zehnmal wiederholt, zuletzt 1831. Damit gehört diese Vorlesung zu denjenigen Kollegs, die Schleiermacher am häufigsten gehalten hat. Das zeigt, wie wichtig für ihn dieses Thema war und wie hoch er dessen Relevanz für die theologische Ausbildung eingeschätzt hat. Aber den lange Zeit gehegten und immer wieder aufgegriffenen Plan einer eigenen Buchveröffentlichung hat er nicht umzusetzen vermocht.[14]

Von den Vorlesungen erhalten ist Schleiermachers handschriftliche Ausarbeitung der Vorlesung von 1809/10. Es handelt sich um Leitsätze und knappe Erläuterungen, die aber nicht vollständig ausgearbeitet sind. Dieses Manuskript bildet die Grundlage für alle weiteren Vorlesungen. Für die Vorlesung 1822/23 hat Schleiermacher es handschriftlich ergänzt und überarbeitet. Im Zuge der späteren Vorlesungen hat Schleiermacher noch einzelne Randbemerkungen und Notizen hinzugefügt.

Daneben liegen 20 Nachschriften des Kollegs von Studenten vor, die Schleiermachers Vorlesungen aus den Jahren 1820, 1822/23, 1824/25, 1826/27, 1828/29, 1831 dokumentieren. Die Nachschriften sind, wenn man die Jahrgänge miteinander vergleicht, sehr heterogen. Dafür gibt es zwei wesentliche Gründe: Einerseits hat Schleiermacher seine thesenartigen Vorarbeiten aus dem Jahre 1809/10 in den unterschiedlichen Semestern im mündlichen Vortrag sehr frei

---

13 Vgl. Eilert Herms, „Schleiermacher als christlicher Theologe. Die Bedeutung der Hallenser Professur", in Andreas Arndt, Hrsg., *Friedrich Schleiermacher in Halle 1804–1807* (Berlin/Boston: De Gruyter, 2013), 17–30.
14 Vgl. Hans-Joachim Birkner, *Schleiermachers christliche Sittenlehre im Zusammenhang seines philosophisch-theologischen Systems* (Berlin: Verlag Albrecht Töpelmann, 1964), 11–15.

variiert. Andererseits gibt es auch zwischen Nachschriften desselben Jahrgangs bemerkenswerte inhaltliche Abweichungen, die unter anderem darauf zurückzuführen sind, dass Passagen der Vorlesung von den Hörenden selektiv mitgeschrieben oder später in unterschiedlicher Intensität nachgearbeitet wurden.

Bisherige Editionen

Die Vorlesungen liegen gegenwärtig in zwei verdienstvollen, aber unzureichenden Editionen vor.

Schleiermacher selbst hatte kurz vor seinem Tod seinen Schüler und Vertrauten Ludwig Jonas (1797–1859) mit der Ausgabe der unveröffentlichten Werke (Vorlesungen) beauftragt; die Christliche Sittenlehre erschien 1843 als Band I/12 der *Sämmtlichen Werke*.[15] Diese Ausgabe stellt die Grundlage für spätere Teilnachdrucke und Reprints dar.[16] Sie stützt sich auf fünf studentische Nachschriften aus dem Wintersemester von 1822/23. An ausgewählten Stellen sind im Kleindruck Ergänzungen aus Vorlesungsnachschriften der späteren Jahre eingefügt. Schleiermachers Manuskripte werden als „Beilagen" abgedruckt.

Im Jahre 2011 hat Hermann Peiter (1935–2022) eine Edition vorgelegt, in der er drei der fünf erhaltenen Nachschriften der Vorlesung von 1826/27 mit dem Ziel kompiliert hat, dem mutmaßlichen Wortlaut Schleiermachers so nah wie möglich zu kommen.[17] Die Manuskripte Schleiermachers werden in den Fußnoten präsentiert. Von dieser Edition ist nur der erste der projektierten zwei Bände erschienen.

Die Editionslage stellt sich für den heutigen Standard als unbefriedigend dar. Eine kritische und alle Nachschriften dokumentierende Edition ist geboten.

---

15 Vgl. Friedrich Schleiermacher, *Die christliche Sitte nach den Grundsätzen der evangelischen Kirche im Zusammenhange dargestellt. Aus Schleiermacher's handschriftlichem Nachlasse und nachgeschriebenen Vorlesungen*, hg. von Ludwig Jonas, Sämmtliche Werke I/12 (Berlin: Reimer, 1843 ²1884).

16 Eine weitere Edition von 1911 (Friedrich Schleiermacher, *Predigten über den christlichen Hausstand*, hg. von Johannes Bauer (Leipzig: Fritz Eckardt Verlag/Felix Meiner Verlag, 1911)) bietet eine Teilwiedergabe des Textes von Ludwig Jonas. Ferner gab Wolfgang Erich Müller im Jahr 1999 die Jonas'sche Ausgabe noch einmal als fotomechanisches Reprint heraus (Friedrich Schleiermacher, *Die christliche Sitte nach den Grundsätzen der evangelischen Kirche im Zusammenhang dargestellt*, hg. von Wolfgang Erich Müller (Waltrop: Hartmut Spenner, [1884] 1999)).

17 Vgl. Schleiermacher 2011a. Peiter hatte bereits 1983 Schleiermachers Einleitung zur Sittenlehre vorgelegt: Friedrich Daniel Ernst Schleiermacher, *Christliche Sittenlehre. Einleitung*, hg. von Hermann Peiter (Stuttgart: Kohlhammer, 1983).

Dass dabei auch ein gewisser Zeitdruck herrscht, zeigt eine 2011 in englischer Sprache besorgte Edition des US-amerikanischen Schleiermacher-Forschers James M. Brandt, der eine kleine und treffende Auswahl von Texten aus der Jonas'schen Ausgabe in englischer Sprache vorgelegt hat,[18] aber dabei so tut, als würde es sich um authentische Schleiermacher-Texte handeln. Ein Verweis auf die komplexe Überlieferungslage findet sich nicht.

Das Projekt „Hybridedition der Manuskripte und Nachschriften zur Christlichen Sittenlehre"

In dem 2021 angelaufenen, von der Deutschen Forschungsgemeinschaft (DFG) als Langzeitprojekt geförderten Vorhaben „Ethik als Kulturtheorie. Hybridedition von F.D.E. Schleiermachers Vorlesungen über die Christliche Sittenlehre und ihre historische und systematische Erschließung"[19] sollen nun die Manuskripte Schleiermachers und alle erhältlichen Nachschriften entziffert, transkribiert, online gestellt und nach Sachgesichtspunkten miteinander verlinkt werden, um eine vollständige Erschließung und Auswertung der Quellen zu ermöglichen. Eine historisch-kritische Druckausgabe im Rahmen der *Kritischen Gesamtausgabe* soll zusätzlich eine editorisch und systematisch verantwortete, mit Text- und Sachkommentaren versehene Textgestalt bieten, die vor allem der schnellen Orientierung für Studien- und Forschungszwecke dient. Damit werden auch die Voraussetzungen für die weitere internationale Forschung über Schleiermachers Christliche Ethik geschaffen.

Das Editionsprojekt, das an der Berliner Schleiermacher-Forschungsstelle angesiedelt ist,[20] wird durch Forschungen flankiert, in denen insbesondere methodologische, geschichtsphilosophisch-christologische, theoriekontextuelle und zeitdiagnostisch-sozialphilosophische Fragestellungen erörtert werden sollen. Diese Forschung erfolgt an den Standorten Humboldt-Universität Berlin, Martin-Luther-Universität Halle-Wittenberg und der Westfälischen Wilhelms-Universität Münster. Das vorliegende Buch vermittelt einen Einblick in die Pro-

---

18 Vgl. Friedrich Schleiermacher, *Selections from Friedrich Schleiermacher's Christian Ethics*, herausgegeben und übersetzt von James M. Brandt (Louisville, Kentucky: Westminster John Knox Press, 2011b).
19 Vgl. DFG – GEPRIS. Theologische Ethik als Kulturtheorie. Hybridedition von F.D.E. Schleiermachers Vorlesungen über Christliche Sittenlehre und ihre historische und systematische Erschließung.
20 Vgl. schleiermacher digital (schleiermacher-digital.de).

jekte, die am *Institut für Ethik und angrenzende Sozialwissenschaften* an der Evangelisch-Theologischen Fakultät in Münster verfolgt werden.[21]

Das Verhältnis von Philosophischer Ethik und Theologischer Sittenlehre

Der kurze Blick auf Schleiermachers Vorlesungstätigkeit in Halle gab schon zu erkennen, dass er sowohl über die Philosophische Ethik als auch über die Christliche Ethik doziert hat. Er hat auf beiden Gebieten Kompetenz beansprucht und beide wissenschaftliche Disziplinen als selbstständig angesehen. Gleichwohl gibt es, schon durch den gemeinsamen handlungstheoretischen Ansatz, erhebliche Berührungspunkte und die Frage nach dem Verhältnis beider wissenschaftlichen Disziplinen liegt auf der Hand. Freilich wirft ihre Beantwortung erhebliche Interpretationsprobleme auf, die in der Schleiermacher-Forschung kontrovers diskutiert werden. In diesem Rahmen soll die Frage der Zuordnung beider wissenschaftlichen Disziplinen nur insoweit aufgegriffen werden, als sie für das Thema dieses Buches von Bedeutung ist.[22]

Die Zuordnung beider Ethiken ist deshalb schwierig, weil Schleiermacher den übergeordneten Disziplinen einen völlig unterschiedlichen Stellenwert zuschreibt und sie wissenschaftstheoretisch ganz unterschiedlich einordnet. Danach hat die Philosophische Ethik oder Sittenlehre als Teilgebiet der Philosophie den Rang einer wissenschaftlichen Grundlagendisziplin. Sie entfaltet „die Vernunfterscheinungen, deren ganzer Verlauf die Geschichte im weitesten Umfange bildet"[23]. Die Philosophische Ethik ist also eine Wissenschaft von den Prinzipien der Geschichte, der die Aufgabe zukommt, die Strukturen und For-

---

21 Vgl. DFG-Langzeitprojekt (uni-muenster.de).
22 Auch die Vorlesungen über die Philosophische Sittenlehre hat Schleiermacher nicht in Buchform publiziert. Man ist auch hier auf seine thesenartigen Manuskripte und Vorlesungsnachschriften angewiesen. Der entsprechende Band in der KGA liegt noch nicht vor. Einstweilen sei auf die vier Akademievorträge *Über die wissenschaftliche Behandlung des Tugendbegriffes*, *Über die wissenschaftliche Behandlung des Pflichtbegriffes*, *Über den Begriff des höchsten Gutes. Erste und zweite Abhandlung* (vgl. Friedrich Schleiermacher, *Akademievorträge*, hg. von Martin Rössler unter Mitwirkung von Lars Emersleben, Kritische Gesamtausgabe Bd. I/11 (Berlin/Boston: De Gruyter, 2002), 313–335. 415–428. 535–553. 657–677) sowie auf die beiden Editionen von Hans-Joachim Birkner verwiesen (vgl. Friedrich Schleiermacher, *Brouillon zur Ethik (1805/06)*, hg. von Hans-Joachim Birkner (Hamburg: Felix Meiner Verlag, 1981) und Friedrich Schleiermacher, *Ethik (1812/13). Mit späteren Fassungen der Einleitung, Güterlehre und Pflichtenlehre*, hg. von Hans-Joachim Birkner (Hamburg: Felix Meiner Verlag, ²1990)).
23 Schleiermacher ²1990, 204.

men menschlich-geschichtlichen Lebens zu verstehen. In der Forschung hat man sie daher auch als Kulturphilosophie, Geschichtsphilosophie, Vorform der Soziologie oder als Wertphilosophie bezeichnet.[24]

Im Unterschied dazu hat die Theologie für Schleiermacher den Rang einer ‚positiven Wissenschaft', die der akademischen Ausbildung von künftigen Geistlichen dient.[25] Sie verkörpert eine Professionswissenschaft und ist darin der Jurisprudenz oder der Medizin vergleichbar. Die Theologie als Universitätsdisziplin ist daher ein *mixtum compositum*, die für den übergeordneten Zweck unterschiedliche Fächer miteinander verbindet, in denen wiederum sehr unterschiedliche Methoden angewendet werden. Philosophische und Theologische Ethik stehen – wissenschaftssystematisch betrachtet – für Schleiermacher also auf ganz verschiedenen Ebenen.[26]

Dazu kommt: Im Ensemble der theologischen Fächer schreibt Schleiermacher die Christliche Sittenlehre und die Glaubenslehre der *Historischen Theologie* zu, die wiederum von der *Philosophischen* und *Praktischen Theologie* unterschieden wird. Innerhalb der *Historischen Theologie* vermittelt nach Schleiermacher die dogmatische Theologie die „Kenntniß der jezt in der evangelischen Kirche geltenden Lehre"[27]. Diese dogmatische Theologie umfasst sowohl die „theoretische[] Seite des Lehrbegriffs oder die Dogmatik im engeren Sinn" als auch „die Behandlung der praktischen Seite, oder die christliche Sittenlehre"[28]. Einzelheiten von Schleiermachers Zuordnung von Dogmatik und Ethik können hier auf sich beruhen. Aber deutlich wird erneut, dass die Theologische Ethik von Schleiermacher stark kontext- und zeitbezogen gedacht wird,[29] während die Philosophische Ethik prinzipientheoretische und in gewisser Weise zeitlos geltende Fragen bearbeitet. Zu den prinzipientheoretischen Grundannahmen gehört, dass Schleiermacher dem religiösen Gefühl und seiner gemeinschaftlichen

---

24 Belege dafür bei Birkner 1964, 37.
25 Vgl. Friedrich Schleiermacher, *Kurze Darstellung des theologischen Studiums zum Behuf einleitender Vorlesungen* (Berlin: Reimer, ²1830), in KGA I/6, hg. von Dirk Schmid (Berlin/New York: De Gruyter, 1998), § 1. Vgl. dazu Ulrich Barth, „Wissenschaftstheorie der Theologie. Ein Durchgang durch Schleiermachers Enzyklopädie", in Ders., *Kritischer Religionsdiskurs* (Tübingen: Mohr Siebeck, 2014), 263–278.
26 Diese wissenschaftssystematische Ferne von philosophischer und theologischer Sittenlehre wird freilich durch die fachliche Nähe relativiert, auf die Schleiermacher in den Erläuterungen zu § 6 der *Kurzen Darstellung* hinweist (vgl. Schleiermacher 1998, 329).
27 Schleiermacher 1998, § 195, 393–394.
28 Schleiermacher 1998, § 223, 405.
29 „Christliche Sittenlehre kann also immer nur gegeben werden in Bezug auf eine gegenwärtige ruhige Zeit" (Schleiermacher 2011a, 11).

Kultivierung innerhalb der vernünftigen Bearbeitung der Natur einen wesentlichen und unverzichtbaren Stellenwert zuschreibt.

Diese Feststellung führt zu den inhaltlichen Überschneidungen, auf die man aufmerksam wird, wenn man den soeben erwähnten Begriff ‚historisch' stark macht. Denn die Philosophische Ethik beschreibt die notwendigen Hervorbringungen der menschlichen Vernunft, deren Ergebnis kulturelle Artefakte sind, die sich geschichtlich bilden und unter anderem als Recht und Staat, Eigentum und Tausch, Bildung und Wissen, Religion und Kunst zu stehen kommen. Sozialphilosophisch wichtig ist dabei, dass diese kulturellen Artefakte gemeinsam hervorgebracht und gepflegt werden und spezifische Sozialformen hervorbringen, wie den Staat, Freundschaft und freie Geselligkeit, Schulen und Universitäten, Religionsgemeinschaften, Künstler*innen und Kunstgenießer*innen. In diese kulturgeschichtliche Bewegung tritt nach Schleiermacher das Christentum ein und wird darin ein wirksamer Faktor. Es wird zu sehen sein, *wie* das nach Schleiermachers Auffassung geschieht. Auf jeden Fall wird man sagen können: Weder steht das christliche Ethos in völliger Indifferenz zur humanen Vernunft und ihrer handelnden Einwirkung auf die Natur, noch verdoppelt sie sie nur. Aus Schleiermachers Trennung von Philosophischer und Theologischer Ethik ergibt sich vielmehr eine *kreative Perspektivenvielfalt* auf die historischen Ausprägungen des menschlichen Handelns. So viel wird man sagen können: *Einmal*: Die Christliche Sittenlehre reflektiert, kommentiert und ergänzt das vernünftige Ethos. Dabei tut sich eine große Bandbreite auf, denn die christliche Sitte kann sich fördernd, kritisch, differenzierend oder innovativ zur vernünftigen Kulturgestaltung verhalten. *Sodann*, das ist sozialtheoretisch wichtig: Das christliche Ethos macht die ausdifferenzierten Sozialformen aufeinander hin durchlässig. Denn, wie sich zeigen wird, durchdringt das christliche Ethos alle gesellschaftlichen Sphären und öffnet sie für den Geist des Christentums, ohne sie jedoch zu vereinnahmen.

Das Verhältnis von Glaubens- und Sittenlehre: Der Begriff des Gefühls

Das Spezifikum der Christlichen Sittenlehre im Unterschied zur philosophischen rationalen Ethik leitet Schleiermacher analog zur Glaubenslehre aus dem christlich-frommen Gefühl ab. „Das religiöse Gefühl, wie es im Christenthume modificirt ist, ist die Basis der christlichen Sittenlehre."[30] Wie in der Glaubens-

---

30 Schleiermacher [1884] 1999, Beilage A, § 22, 8.

lehre bringt Schleiermacher auch in der Grundlegung der christlichen Ethik die christliche Bestimmtheit des Gefühls auf den Begriff der Erlösung. „Das modificirende des Christenthums ist die Idee der Erlösung als Centrum"[31]. Man begegnet also auch in der Christlichen Sittenlehre jener Bestimmung des Wesens der christlichen Religion, in der kategoriale Klärung und historische Auffassung in besonderer Weise miteinander verbunden sind.[32] Sie wird in der Christlichen Sitte inkarnationstheologisch zugespitzt: „Die Idee der Erlösung beruht auf dem Bewußtsein, daß die werdende Einheit der Vernunft mit der Organisation vermittelt wird durch die absolute Identität des göttlichen Wesens mit der menschlichen Natur."[33] Mit dem Auftreten Jesu von Nazareth wird diese Idee historische Wirklichkeit. Von diesem geschichtlichen Punkt aus entwickelt sich die christlich inspirierte Kultur, die in der Christlichen Sittenlehre rekonstruiert wird. Insofern ist diese – obwohl auf die Gegenwart bezogen – zugleich geschichtstheologisch angelegt, eingespurt in die humane Kulturbewegung und bezogen auf die Sozialformen, die dort hervorgebracht wurden.

Die Aufgabe der Dogmatik oder Glaubenslehre besteht in der konfessionell perspektivierten Rekonstruktion der inhaltlichen Bestimmtheit des christlichen Gefühls unter den Bedingungen der jeweiligen Gegenwart. Analog dazu hat die Sittenlehre die Aufgabe, die vom gegebenen christlichen Gefühl ausgehenden *Bestimmungen* des menschlichen Handelns zu entfalten. Der Grund für diese Arbeitsteilung ist im Gefühlsbegriff verankert. Denn als Teil des Lebens zeigen sich im Gefühl gewissermaßen eine passive und eine aktive Seite. „Das Leben ist nur wechselndes Sich verlieren und sich herstellen aus dem ganzen. In jedem Acte ist Bestimmtsein des einzelnen durch das ganze, und Bestimmtsein des ganzen durch das einzelne. Jenes Leiden, dieses Handeln."[34] Daher gilt für das christliche Gefühl: „Die Dogmatik ergreift das Gefühl bei dem ersten Ende, die christliche Sittenlehre bei dem lezten."[35]

Das spezifische Thema der Sittenlehre ist also nicht das christliche Bestimmt-Sein des Gefühls, das vielmehr vorausgesetzt ist, sondern sein Bestimmungspotenzial, d. h. die von ihm ausgehenden Handlungsimpulse und -ziele. Schleiermachers Grundidee besagt, dass das christlich bestimmte Gefühl Handlungen freisetzt, die jene Identität von göttlichem Wesen und menschlicher

---

31 Schleiermacher [1884] 1999, Beilage A, § 23, 8.
32 Vgl. Markus Schröder, *Die kritische Identität des neuzeitlichen Christentums. Schleiermachers Wesensbestimmung der christlichen Religion* (Tübingen: Mohr, 1996).
33 Schleiermacher [1884] 1999, Beilage A, § 24, 8.
34 Schleiermacher [1884] 1999, Beilage A, § 28, 9.
35 Schleiermacher [1884] 1999, Beilage A, § 30, 10.

Natur in der kulturellen Wirklichkeit umsetzen. Inkarnationstheologisch zugespitzt: Die absolute Identität des göttlichen Wesens mit der menschlichen Natur realisiert sich durch entsprechend qualifizierte Handlungen von Christ*innen und zeitigt auf diese Weise reale Folgen in der humanen Kultur.

Die Theologische Ethik zwischen Deskription und Präskription

Dieser Ansatz führt zu einem spezifischen Theorie-Typ, den man häufig als deskriptive Ethik beschreibt. Schleiermacher formuliert das selbst auf diese Weise: Die Christliche Sittenlehre

> wird nichts sein können, als eine Beschreibung derjenigen Handlungsweise, welche aus der Herrschaft des christlich bestimmten religiösen Selbstbewußtseins entsteht. Indem wir aber sagen Beschreibung: so scheint darin selbst auch schon eine nähere Bestimmung der Form zu liegen, und noch dazu einer von der gewöhnlichen sehr abweichenden.[36]

In der Tat: In diesem Zitat dokumentiert sich Schleiermachers Abkehr von einer deontologischen Ethik nach dem Pflichten- oder Gebotstypus, wie er sie philosophisch bei Kant und Fichte identifiziert und kritisiert. In seiner Akademieabhandlung *Über den Unterschied von Natur- und Sittengesetz* (1825) hat Schleiermacher die philosophische Begründung für diese Wende vorgetragen und darin die Lehre vom Sittengesetz so angelegt, dass das *Sein* der Vernunft auch in sittlicher Hinsicht prioritär zur Geltung kommt.[37] Diese Anknüpfung an den Seins-Charakter des allgemeinen Sittengesetzes gilt nun auch für die Christliche Sittenlehre, so dass Schleiermacher sagen kann: „Die christliche Sittenlehre ist Beschreibung der christlichen Handlungsweise, sofern sie auf den Erlöser zurückgeht"[38]. In der Vorlesung von 1826/27 spitzt er die christologische Begründung zu. Das christliche Leben steht unter dem „Eindruk der Göttlichkeit des Erlösers"[39], der zwei Seiten hat, nämlich „eine nach dem Gedanken, die andere nach der That [...], beide neben einander."[40] Die Aufgabe der Sittenlehre besteht in der Beschreibung dieser Handlungsdimension des christlichen Glaubens. Sie ist, wie Schleiermacher auch sagt, „Beschreibung des christlichen Lebens"[41], und zwar unter Abstraktion von *unseren* Unvollkommenheiten beziehungsweise

---

36 Schleiermacher [1884] 1999, 32–33. Hervorhebungen im Original aufgehoben.
37 Vgl. Schleiermacher 2002, 429–451.
38 Schleiermacher [1884] 1999, 34.
39 Schleiermacher 2011a, 23.
40 Schleiermacher 2011a, 22.
41 Schleiermacher 2011a, 23.

vom „Mitgesetztseyn der Sünde"[42]. Die christlich motivierte Handlungsweise muss also nicht erst eingefordert werden, sondern liegt als „die lebendige Sitte"[43] immer schon vor.

Freilich geht die Aufgabe der Darstellung der christlichen Sitte nicht in der bloßen Beschreibung auf. Vielmehr geht der oben zitierte Satz noch weiter:

> Die christliche Sittenlehre ist Beschreibung der christlichen Handlungsweise, sofern sie auf den Erlöser zurückgeht, und eben als solche Beschreibung ist sie Gebot für alle, die in der christlichen Kirche sind, für welche eben nichts anderes Gebot ist, als was sich aus der absoluten Gemeinschaft mit Gott, wie sie in Christo, dem Erlöser, ist, entwickeln läßt.[44]

Aus diesem Zitat wird deutlich, dass die Christliche Sittenlehre auch präskriptive Elemente enthält, denen die Christ*innen handelnd folgen *sollen*. Denn die christliche Kirche ist ja der Ort, „wo das christlich religiöse Bewußtsein dominirender Impuls immer erst wird, und in sofern noch nicht ist, [...]: so ist ja diese als Beschreibung immer auch zugleich Gebot"[45].

In der Durchführung kommt dieses normative Element gelegentlich sehr deutlich zur Geltung. Zwei – auch sozialtheoretisch relevante Beispiele – seien dafür genannt.

In der Vorlesung aus dem Wintersemester 1824/25 diskutiert Schleiermacher – womöglich aus aktuellem Anlass – die Sonn- und Feiertagsruhe. Hintergrund ist die christliche Sitte, an den Sonn- und Feiertagen Gottesdienste zu feiern. Das setzt voraus, dass das bürgerliche Leben im Wesentlichen ruht, dass also nicht gearbeitet werden muss, sondern das öffentliche Leben zugunsten der religiösen Feiern unterbrochen ist. Dann konstruiert Schleiermacher den Fall, dass die Obrigkeit die Sonntagsruhe aufhebt und die Christ*innen nur in ihrer arbeitsfreien Zeit ihre Sitte pflegen könnten. Auf diese Weise „würden [...] unsere kirchlichen Versammlungen rein eine Privatsache der versammelten"[46]. Eine solche Zurückdrängung des Christlichen aus der Öffentlichkeit, so Schleiermacher, „würden wir [...] als einen schlechten Zustand beseufzen"[47]. Aus dieser Kritik folgt positiv, dass in der Perspektive des christlichen Ethos die bürgerliche Gesellschaft Tage benötigt, an denen sie – ob mit oder ohne christliche Gesinnung – über ihr Sein jenseits der Arbeit nachdenkt, Religion, Kunst

---

42 Schleiermacher 2011a, 246.
43 Schleiermacher [1884] 1999, Beilage A, § 32, 11.
44 Schleiermacher [1884] 1999, 34.
45 Schleiermacher [1884] 1999, 34.
46 Schleiermacher [1884] 1999, 593–594.
47 Schleiermacher [1884] 1999, 594.

und Spiel öffentlich pflegt. Wo dies nicht der Fall ist, haben wir es bei der sittlichen Entwicklung mit einem defizitären Zustand zu tun, der – wie dieses Beispiel zeigt – in der Perspektive des christlichen Ethos kritisiert wird. In der Feinjustierung zeigt Schleiermacher indes eine gewisse Offenheit für die Ausgestaltung der Sonntagsruhe. Er vergleicht die strikte Sonntagsruhe in England mit der Praxis in Preußen und räumt ein, dass das sonntägliche Arbeitsverbot nicht auf Kosten der Bedürftigen gehen dürfe. Wer sonntags arbeiten muss, um seinen Lebensunterhalt zu bestreiten, verstößt also nicht gegen die christliche Sitte. Am Ende seines Gedankenganges zeigt sich: Die Pflege der sittlichen Tradition unterliegt dem Prüfkriterium der christlichen Freiheit[48], und so gelangt Schleiermacher zu seiner Spitzenthese:

> Ja wir denken Fälle […], in welchen wir Sonntags auch während des Gottesdienstes und statt an demselben theilzunehmen theils selbst mit gutem Gewissen arbeiten, theils andere zu arbeiten veranlassen; wir können also gewiß nicht fordern, daß es absolut verboten werde. Und eben so steht es in Beziehung auf das Verhältniß des religiösen und des allgemein geselligen Darstellens.[49]

Es zeigt sich hier: Die Christliche Sittenlehre hat durchaus Gebotscharakter, gewährt aber auch in einem hohen Maße Raum für individuelle und differenzierte Abwägungsentscheidungen.

Das zweite Beispiel betrifft Schleiermachers Theorie des Spieles, die ebenfalls zur Christlichen Sitte gehört. Das Spiel ist eine gemeinschaftliche Unterbrechung der Arbeit, gehört teils „dem öffentlichen Volksleben"[50], teils der „Privatgeselligkeit"[51] an. In seiner Vorlesung von 1824/25 diskutiert Schleiermacher vergleichsweise ausführlich, welche Spiele aus der Perspektive des christlichen Ethos wie zu beurteilen sind und kommt im Zuge seiner Evaluation zu folgenden Ergebnissen: Grundsätzlich ist das Spiel von sittlicher Bedeutung, weil es eine freiwillige Form der Vergemeinschaftung ist, bei der sich die Individuen auf regelbasierten Handlungsfolgen verpflichten, deren Zweck vor allem im Vollzug der geistigen Handlung selbst liegt. Unterhalb dieser Einsicht evaluiert Schleiermacher nun unterschiedliche Typen von Spielen. Wettkampfspiele mit Siegespreisen (Ehrenpreise oder mit Interesse auf dem Gebiet des Eigen-

---

48 „Aber im allgemeinen werden wir doch sagen müssen, daß auch hier kein anderes Princip gelten darf, als das der Freiheit, daß in Beziehung auf das kirchliche Leben kein Gesez im strengen Sinne des Wortes darf aufgestellt werden" (Schleiermacher [1884] 1999, 595).
49 Schleiermacher [1884] 1999, 595.
50 Schleiermacher [1884] 1999, 692.
51 Schleiermacher [1884] 1999, 692.

tums) haben, wie er sagt, „im tiefsten Grunde etwas unchristliches"[52], weil sie die Ungleichheit zwischen den Menschen hervorheben sowie eine Versuchung zur Eigenliebe darstellen; „und Versuchungen soll man nicht willkührlich hervorrufen."[53] Wettkampfspiele jedoch, die einen intellektuellen Gehalt haben und der Entwicklung der geistigen Fähigkeiten dienen und diesen Ausdruck geben, können diese Bedenken entfernen. Auch musische und rhetorische Spiele sind zu begrüßen, weil sie die intellektuellen Fähigkeiten stimulieren. Gymnastische Spiele sind in Schleiermachers Augen ethisch indifferent. Spiele aber, die eine reine Abbildung des Zufalls sind und überdies auf einen Austausch von Eigentum zielen, „verwerfen wir"[54]. Gleiches gilt für Spiele, bei denen ein erheblicher Teil des Vermögens gewonnen oder verloren werden kann.[55] Schleiermachers Fähigkeit zu differenzierten ethischen Abwägungsurteilen zeigt sich bei den Kartenspielen. Sie verkörpern zwar „die Einigung der Vernunft mit dem allgemeinen Leben unter der Form des Zufalls"[56], werden von Schleiermacher aber „als eine epidemische Krankheit"[57] angesehen und grundsätzlich kritisiert. Zugleich wird eingeräumt, dass sie unter bestimmten Umständen, nämlich „bei großem Mangel an geistiger Bildung [...] ganz schuldlos sein und gute Dienste leisten"[58] können.[59]

Diese Beispiele zeigen: Schleiermacher hält die indikativisch-deskriptive Form seiner Sittenlehre auch dort durch, wo er Kritik anbringt. Aber der normative Gehalt der Aussagen ist doch klar erkennbar. Ebenso wie Philosophische

---

52 Schleiermacher [1884] 1999, 693.
53 Schleiermacher [1884] 1999, 693.
54 Schleiermacher [1884] 1999, 695.
55 „Je größer Gewinn oder Verlust werden im Vehältnisse zur ganzen Subsistenzbasis, desto unsittlicher wird das Spiel" (Schleiermacher [1884] 1999, 695).
56 Schleiermacher [1884] 1999, Beilage A, § 171, 59.
57 Schleiermacher [1884] 1999, Beilage A, § 171, 59.
58 Schleiermacher [1884] 1999, 696.
59 Für ihn persönlich bedeutete diese Abwägung: „[I]ch kann mir im einzelnen gestatten daran theilzunehmen, wenn etwa gerade einer fehlt in einer Gesellschaft, ein Spiel zu Stande zu bringen, aber das gute Gewissen habe ich nur, wenn ich zugleich alles thue, den allgemeinen Zustand der Geselligkeit zu veredeln." (Schleiermacher [1884] 1999, 697). Ausweislich seiner Tageskalender hat Schleiermacher in seinen späten Jahren oft Schach gespielt. Aus der Tatsache, dass er Sieg oder Niederlage notiert hat, kann man schließen, dass er den Wettkampfcharakter des Spiels geschätzt hatte. Es finden sich in seinem Kassenbuch regelmäßig Ausgaben für Lotterie-Lose sowie gelegentlich Hinweise auf Kartenspiele. Vgl. schleiermacher digital (schleiermacher-digital.de).

Ethik enthält auch die Christliche Sitte präskriptive Komponenten.[60] Das christliche Bewusstsein ist Impulsgeber für die Lebensführung, aber zugleich kritischer Begleiter und Kommentator menschlicher Handlungen und Sozialformen.

Die Ableitung der Typen des christlichen Handelns

Zwei unterschiedliche Zustandsweisen des christlichen Gefühls, die Schleiermacher voneinander unterscheidet, bilden den Ausgangspunkt für die Ableitung von zwei unterschiedlichen Handlungstypen, an denen Schleiermacher das Bestimmungspotenzial des christlichen Gefühls identifiziert. Ausgangspunkt der Ableitung ist der „Grundzustand"[61] einer vollständigen Bestimmtheit des Gefühls durch die „Gemeinschaft mit Gott durch Christum"[62], deren affektive Seite Schleiermacher als „Seeligkeit"[63] oder „Freude am Herrn"[64] bezeichnet. Schleiermacher versteht diesen Gefühlszustand als regulativen Zielbegriff. „Seeligkeit [...] ist das absolute Sein als Bewußtsein gedacht, also auch das Sein des göttlichen Princips in dem Menschen. Der Christ ist seelig in dem Herrn."[65] Dieses ungetrübte Gefühl der Gemeinschaft mit Gott bestimmt den Menschen zu Handlungen, die Schleiermacher als „das rein darstellende Handeln"[66] typisiert. Dieses darstellende Handeln verleiht der vollständigen Bestimmtheit des Gefühls Ausdruck. Als Prototyp für das darstellende Handeln gilt für Schleiermacher der gemeinsame Gottesdienst.[67] Auch die Kunst und das Spiel, deren christlich-sittlicher Wert eben mit Schleiermacher erwogen wurde, sind grundsätzlich als Varianten des darstellenden Handelns zu verstehen.

Die andere Zustandsweise des Gefühls zeichnet sich durch die Differenz von Lust und Unlust aus. „Das wirkliche Leben des frommen ist fortschreitende Einigung im Schwanken; also spaltet sich die Seeligkeit in Lust und Unlust."[68] Schleiermacher ist der Auffassung, dass das christliche Gefühl faktisch unter

---

60 Vgl. Arnulf von Scheliha, „Sources of Normativity in Schleiermacher's Interpretation of Culture", in Brent W. Sockness, Wilhelm Gräb, Hrsg., *Schleiermacher, the Study of Religion, and the Future of Theology. A Transatlantic Dialogue* (Berlin/New York: De Gruyter, 2010), 285–298.
61 Schleiermacher [1884] 1999, Beilage A, § 44, 15.
62 Schleiermacher [1884] 1999, Beilage A, § 44, 15.
63 Schleiermacher [1884] 1999, Beilage A, § 45, 15.
64 Schleiermacher [1884] 1999, Beilage A, § 53, 17.
65 Schleiermacher [1884] 1999, Beilage A, § 45, 15.
66 Schleiermacher [1884] 1999, Beilage A, § 53, 17.
67 Vgl. Schleiermacher [1884] 1999, Beilage A, § 53, 17.
68 Schleiermacher [1884] 1999, Beilage A, § 48, 16.

der Bedingung von „Lust" und „Unlust" steht, weil die Hemmungen, es aufzurichten, Teil seiner Realisierung sind. Der dogmatische Begriff dafür ist „Sünde", die im Modus der „Lust" reflektiert wird, wenn sie überwunden ist, und die als „Unlust" registriert wird, wenn sie das Gefühl noch oder wieder mitbestimmt. Aus Lust- und Unlust-Zuständlichkeit des Gefühls leitet Schleiermacher das sogenannte wirksame Handeln als Bestimmungspotenzial ab, das zugleich in das sogenannte verbreitende Handeln (als Folge der „Lust") und in das sogenannte reinigende Handeln (als Folge der „Unlust") zerfällt. „Das als Unlust bestimmte religiöse Gefühl geht aus in ein reinigendes Handeln."[69] Dieses reinigende Handeln zielt darauf, die „Resistenz" beziehungsweise „Hemmung"[70] zu beseitigen und Störungen jener „Einigung" aufzuheben. Da die Ursache für diese Störungen nicht im Gottesbewusstsein liegt, wirkt dieser Handlungstyp „auf die niedere Natur zurück"[71], also auf die physischen oder sozialen Bedingungen des Lebens.

„Das als Lust bestimmte religiöse Gefühl geht aus in ein verbreitendes Handeln."[72] Es stellt darauf ab, die noch nicht erfolgte, aber mögliche Verbindung des göttlichen Wesens mit der menschlichen Natur „in eine wirkliche zu verwandeln [...]. Und eben deßhalb ist dies Handeln eine Verbreitung der Einigung."[73] Durch diesen Handlungstyp wird die Natur mit der Struktur Geist überformt.

Die Unterscheidung von darstellendem und wirksamem Handeln gilt nicht absolut, vielmehr führt jeder Handlungstyp Momente des anderen mit sich. „Kein wirkliches Handeln enthält Ein Glied eines dieser Gegensäze ausschließend"[74], sagt Schleiermacher. Vielmehr muss zum Beispiel jedes „darstellende Handeln [...] ein wirksames Element haben als Minimum und umgekehrt"[75]. Die Unterscheidung der Handlungstypen hat also vor allem heuristischen Wert, „indem man sie auf den dominierenden Charakter in jedem Handeln bezieht"[76] und auf diese Weise den inneren Sinn der Elemente der christlichen Sitte klärt.

Festzuhalten ist: Schleiermacher leitet zwei (oder besser drei) Handlungstypen ab, die zusammengenommen die christliche Sittlichkeit verwirklichen

---

69 Schleiermacher [1884] 1999, Beilage A, § 54, 18.
70 Schleiermacher [1884] 1999, Beilage A, § 54, 19.
71 Schleiermacher [1884] 1999, Beilage A, § 54, 19.
72 Schleiermacher [1884] 1999, Beilage A, § 55, 19.
73 Schleiermacher [1884] 1999, Beilage A, § 55, 19.
74 Schleiermacher [1884] 1999, Beilage A, § 61, 21.
75 Schleiermacher [1884] 1999, Beilage A, § 61, 21.
76 Schleiermacher [1884] 1999, Beilage A, § 61, 21.

und damit so etwas wie eine menschliche Kultur im Geist des Christentums begründen und entfalten:
- Das darstellende Handeln, in dem die stetige Kräftigkeit des christlichen Bewusstseins an ihm selbst durch das Handeln soziale Gestalt annimmt.
- Das wirksame Handeln als verbreitendes Handeln, durch das das christliche Bewusstsein kulturell expandiert. Der Hauptmodus dafür sind nach innen („intensiv") und außen („extensiv") gerichtete Bildungsprozesse.[77]
- Das wirksame Handeln als wiederherstellendes oder reinigendes Handeln, durch das Missbräuche beseitigt oder Widerstände überwunden werden. Heute würde man vom „kritischen" Handeln oder vom „prophetischen Geist" des Christentums sprechen.

Die Realisierung der christlichen Sitte in Kirche, Familie und Staat

Für die methodische und inhaltliche Bestimmung der christlichen Sitte und ihrer Wirkung durch das Handeln ist es für Schleiermachers Konzept nun charakteristisch, dass nicht der Einzelne als Subjekt dieser Handlungen in den Blick kommt. Noch weniger als in der Glaubenslehre kann man mit Blick auf die Christliche Sittenlehre davon sprechen, dass Schleiermacher die theologische Perspektive subjektivistisch verengt hätte. Vielmehr denkt Schleiermacher die christliche Sitte von vornherein als strukturell wirksam und benennt drei soziale Orte, an denen die drei Handlungstypen durch wechselseitige Interaktion einer Vielzahl von Individuen hervortreten werden. Dabei wird der institutionelle Zug von Schleiermachers Sozialphilosophie deutlich, so dass man unter Anwendung moderner Terminologie davon sprechen kann, dass seine Christliche Sittenlehre eine Sozialethik *avant la lettre* verkörpert.

Der erste soziale Ort, an dem die drei Handlungstypen realisiert werden, ist die „Kirche". Sie genießt in gewisser Weise auch Priorität, weil sie die spezifische Form christlicher Gemeinschaft ist, in der die Menschen jenseits ihrer familiären, sozialen, nationalen oder politischen Bindungen miteinander im Glauben verbunden sind. Diese Einsicht begründet auch die vielfältigen Hinweise Schleiermachers, dass die Christliche Sittenlehre „nirgends anders gelten als in der christlichen Kirche und für dieselbe"[78] will und nur zeigen will, „wie in der

---

[77] „Der allgemeine Typus des verbreitenden Handelns ist [...] Bildung." (Schleiermacher [1884] 1999, Beilage A, § 181, 63).
[78] Schleiermacher 2011a, 31.

christlichen Kirche dem Geiste derselben gemäß gehandelt wird"[79]. Dieser konstitutive Bezug auf die Kirche wird auch im Untertitel der beiden dogmatischen Hauptwerke festgehalten, wobei durch den Ausdruck „evangelische Kirche" die oben bereits dargelegte konfessionelle Perspektivierung des Kirchenverständnisses berücksichtigt ist. Der prioritär kirchliche Zugriff auf die christliche Sitte schließt jedoch nicht aus, sondern für Schleiermacher gerade ein, dass diese auch außerhalb der Kirche kultiviert und wirksam wird, wie sich gleich zeigen wird.

Der Gottesdienst ist für Schleiermacher der Normalfall des darstellenden Handelns. Er unterscheidet einen Gottesdienst in einem engeren und in einem weiteren Sinn des Begriffs. Gottesdienst im engeren Sinn ist die sonntägliche Feier. Er unterbricht das tätige Leben. Im Kultus bringt sich das christliche Gefühl durch eigene ästhetische Akte performativ zur Geltung. Die Besonderheit von Schleiermachers Gottesdiensttheorie besteht in der engen Verzahnung von Religionstheorie und Ästhetik, die bis heute intensiv diskutiert wird.[80] Für das hier zu behandelnde Thema wichtiger ist Schleiermachers Deutung des Gottesdienstes im weiteren Sinn. Hier knüpft er in der Sache und vom Wortlaut her an Röm 12,1 an, wo Paulus die Christenmenschen zu einem „vernünftigen Gottesdienst" auffordert. Es handelt sich um eine Art *Habitus*, durch den das göttliche Wesen in den gesamten Lebensvollzug hineinwirkt. Der tätige Gottesdienst entspricht der „Tendenz, in dem gesammten thätigen Leben das darstellende Handeln fortzusezen, dem gesammten thätigen Leben diesen Charakter aufzudrükken, daß es die Darstellung sei der Herrschaft des Geistes über das Fleisch"[81], wie Schleiermacher im Anschluss an die Terminologie des Apostels Paulus formuliert. Christ*innen verkörpern in ihrem sittlichen Lebensvollzug die Dominanz des Geistes in allen gesellschaftlichen Gebieten und Tätigkeiten.

„Die Kirche als Gemeinschaft des verbreitenden Handelns ist Schule."[82] Dieser Satz hebt hervor, dass Schleiermacher die Kirche in dieser ethischen Perspektive vor allem als Institution der Bildung versteht. Mit dem christlichen Glauben ist für ihn also ein Bildungsgeschehen, das von Jesus von Nazareth ausgeht und durch die kirchliche Überlieferung vermittelt wird.[83] In diesem

---

79 Schleiermacher 2011a, 31.
80 Vgl. neuerdings Thomas Erne, *Transzendenz im Plural. Schleiermacher und die Kunst der Moderne* (Berlin/Boston: De Gruyter, 2022).
81 Schleiermacher [1884] 1999, 536.
82 Schleiermacher [1884] 1999, Beilage A, § 202, 73.
83 In der Theologie der Gegenwart ist es insbesondere Eilert Herms, der im Anschluss an Schleiermacher die innere Affinität von Glauben und Bildung herausgestellt hat. Vgl. Eilert Herms, *Systematische Theologie* (Tübingen: Mohr Siebeck, 2017), 14.

Sinne gilt für ihn neben[84] der Predigt der kirchliche Unterricht als der (intensive) Normalfall des verbreitenden Handelns. Die üblichen Formen des extensiven verbreitenden Handelns sind die Taufe und die Mission. Letztere muss, so Schleiermacher, jedoch auf Bildungsangebote und „Wahlanziehung"[85] beschränkt sein und darf nicht mit politischen, gar gewalttätigen Handlungen vermengt sein, was er scharf kritisiert.[86] Stets gilt der „Kanon der freien Mittheilung"[87]. Die Taufe wird von Schleiermacher eng mit der Bildung von religiöser Sprachfähigkeit und dem Ziel religiöser Mündigkeit verbunden, weswegen er in diesem Zusammenhang stärkeres Gewicht auf die intensive Seite des verbreitenden Handelns legt.[88]

Für das reinigende Handeln der Kirche diskutiert Schleiermacher drei Fälle. *Zunächst* greift er das Thema „Kirchenzucht" auf, das insbesondere in der reformierten Ethiktradition eine prominente Rolle gespielt hat. Faktisch verwirft er alle kirchlichen Strafmaßnahmen, weil solche Sanktionen mit seinem Verständnis des verbreitenden Handelns als freiem Bildungsgeschehen kollidieren.[89] Originell sind *sodann* Schleiermachers Ausführungen zur freiwilligen „Gymnastik", die dazu dient, das Eigenleben des ‚Fleisches' niederzuringen, den menschlichen Körper von innen heraus zu bestimmen, um ihn für christliche Liebe in den Dienst zu nehmen. Schleiermacher empfiehlt daher die Institution „einer productiven freien Gymnastik auf dem Gebiete der erst mit dem Christenthume gegebenen brüderlichen Liebe"[90]. Insofern ist die „Gymnastik", wir würden heute sagen: der Sport, sittlich wertvoll und Teil der christlichen

---

84 „Die hauptsächlichste Bedeutung der religiösen Rede liegt hier." (Schleiermacher [1884] 1999, Beilage A, § 202, 73).
85 Schleiermacher [1884] 1999, Beilage A, § 211, 78.
86 Vgl. Birkner 1964, 122–124.
87 Schleiermacher [1884] 1999, 396.
88 Vgl. zu Schleiermachers ethischem Taufverständnis und seinem kritischen Verständnis der Säuglingstaufe Arnulf von Scheliha, „Die Taufe. Ein Beitrag zur ethischen Interpretation eines dogmatischen Themas", in Roderich Barth, Andreas Kubik, Arnulf von Scheliha, Hrsg., *Erleben und Deuten. Dogmatische Reflexionen im Anschluss an Ulrich Barth* (Tübingen: Mohr Siebeck, 2015), 325–344, 334–338.
89 Vgl. Arnulf von Scheliha, „‚Kirchenzucht'. Reformierte Themen in der Christlichen Sittenlehre Friedrich Schleiermachers", in Anne Käfer, Constantin Plaul, Florian Priesemuth, Hrsg., *Der reformierte Schleiermacher. Prägungen und Potentiale seiner Theologie*, Schleiermacher-Archiv; Bd. 28 (Berlin/Boston: De Gruyter, 2020b), 153–172, 170.
90 Schleiermacher [1884] 1999, 172. Vgl. zum systematischen Potenzial von Schleiermachers Überlegungen Arnulf von Scheliha, „Fit und Fair. Überlegungen zu einer Körperlichkeits- und Sportethik", in Klaas Huizing, Stephan Schaede, Hrsg., *Was ist eigentlich normal? Zur Produktion von Normalität in unserer Gesellschaft* (München: Claudius, 2020a), 85–101, 90–92.

Sitte. Das Stichwort „Kirchenverbesserung" ordnet *schließlich* die Reformation als ein wesentliches und grundsätzlich wiederholbares Ereignis der Kirchen- und Theologiegeschichte ein.[91] Sie ist Ausdruck der theologischen und sittlichen Reinigung der Kirche von Missständen und Missbräuchen und grundsätzlich eine sittliche Daueraufgabe: *ecclesia semper reformanda*.

Der zweite soziale Ort, an dem die Handlungstypen real werden, sind die christliche Ehe und die christliche Familie, die Schleiermacher auch als „ursprüngliche Kirche"[92] bezeichnet. Hier realisiert sich die sittliche Substanz des Christentums jenseits der Amtskirche, nämlich im familialen Leben, in dem sich natürlich-leibliche und geistige Prozesse in besonderer Weise überlagern und durchdringen.[93] Die üblichen Modi des darstellenden Handelns im Familienkreis sind die „Hausandachten" und die „Gebete". Die Teilnahme an der Reproduktion des Menschengeschlechtes, die Schleiermacher an diesem sozialen Ort als Hauptaufgabe ansieht, geschieht innerhalb der christlichen Familie und wird Teil des verbreitenden Handelns.

> Genauer betrachtet ist das Familienleben [...] nicht bloß für die extensive Verbreitung des Christentums, sondern ebenso ‚für den gesammten intensiven Verbreitungsprozeß' ‚von unersezlichem Werthe'. Die Familie bereitet eben nicht nur auf das geistige und religiöse Leben vor, sondern ist selbst ein wichtiger (und bleibender Ort) für dessen Entfaltung. *Wenn* es geschieht, so ist es oft die *Familie*, in der Religion als bedeutungsvoll [...] gelernt und erlebt wird.[94]

Die Zeugung und christliche Erziehung der Kinder sowie die Pflege des christlichen Hausstandes bilden also den Normalfall des verbreitenden Handelns.[95]

---

[91] Vgl. Simon Gerber, *Schleiermachers Kirchengeschichte* (Tübingen: Mohr Siebeck, 2015), 365–370.
[92] Schleiermacher [1884] 1999, Beilage A, § 72, 24.
[93] Dieser Zusammenhang ist jüngst von Christian Rebert eingehend analysiert und ausgewertet worden. Vgl. Christian Rebert, *Lebenssinn Familie. Bedeutungsdimensionen von Geschlechter- und Generationenverhältnissen im Anschluss an F.D.E. Schleiermacher*, Schleiermacher-Archiv; Bd. 31 (Berlin/Boston: De Gruyter, 2020).
[94] Rebert 2020, 421 (Hervorhebung im Original).
[95] Diesen Zusammenhang hat Schleiermacher in seinen christlichen Hausstandpredigten ausführlich dargelegt (vgl. Friedrich Schleiermacher, *Predigten. Erste bis Vierte Sammlung (1801–1820) mit den Varianten der Neuauflagen (1806–1826)*, hg. von Günter Meckenstock, Kritische Gesamtausgabe Bd. III/1 (Berlin/Boston: De Gruyter, 2012), 625–766) und dabei kritische Überlegungen zu Fehlformen und Fehlverhalten nicht ausgespart (vgl. Arnulf von Scheliha, „Die christlichen Häuser als ‚Pflanzstätten des künftigen Geschlechts' – Familienethische, religionspädagogische und sozialethische Grundeinsichten in Friedrich Schleiermachers ‚Pre-

Das reinigende Handeln innerhalb der Familie fällt ebenfalls in die Erziehung, also in das grundsätzlich asymmetrische Verhältnis der Eltern zu ihren Kindern. Hier äußert sich Schleiermacher sehr zurückhaltend. Er beschränkt die häusliche Zucht (also Strafen) im Erziehungsverhältnis auf ihren allgemeinen pädagogischen Sinn. Die christliche Erziehung im engeren Sinn soll ganz ohne Strafen auskommen. Schleiermacher sagt: „Wir leugnen, daß Strafe und Belohnung der christlichen Hauszucht angehören"[96]. Die Hauszucht darf niemals die Bildung des Gewissens behindern oder die Gewissen belasten. Positiv gewendet: Die christliche Erziehung hat ihr Ziel in der religiösen Mündigkeit der Kinder, die sich auf ihr freies Gewissen beziehen können.

Der dritte soziale Ort ist die Gesellschaft jenseits von Ehe/Familie einerseits und Kirche andererseits, wie sie für Schleiermacher in erster Linie durch den Staat repräsentiert wird. Die bürgerliche Gesellschaft war damals erst im Entstehen begriffen. In diesem Bereich entfaltet nach Schleiermacher das Christentum vor allem eine humanisierende Wirkung, und zwar zum einen durch die engagierte Partizipation der einzelnen Christ*innen am öffentlichen Leben, zum anderen durch die Vorbildfunktion, die die christliche Gemeinschaft als Kirche auf der Basis von Freiheit und Gleichheit für das Leben in Gesellschaft und Staat hat. „Die Kirche strebt [...] nach allgemeiner Verbreitung und hat eine demokratische Tendenz."[97] So strahlen nach Schleiermacher die Darstellung der Gleichheit aller Menschen im christlichen Gottesdienst und das von ihm immer wieder eingeschärfte funktionale Verständnis des Gegensatzes von Klerus und Laien auf das Leben in der Gesellschaft und im Staat ab. In diesem Sinne verstehen Christ*innen Röm 13,1-5 als Pflicht zur Mitwirkung an der „Staatsverbesserung". Das bedeutet, dass unter dem Einfluss des Christentums die nach Schleiermacher für das politische Leben spezifische Differenz von (monarchischer) Obrigkeit und (gehorsamen) Untertanen zunehmend funktional verstanden wird und es zu einer Mitwirkung der Regierten an der Regierung kommt.[98] Wichtige Medien dafür sind die freie Meinungsäußerung, die Mitwirkung an der Gesetzgebung und an der Gesetzesausführung sowie an der Gestaltung des Rechts, dessen Aufgabe darin besteht, den Eigentumstausch zu regeln und Frieden zu stiften. Der Einfluss der christlichen Sitte zeigt sich für Schleierma-

---

digten über den christlichen Hausstand'", in Sarah Schmidt, Hrsg., *Von der Reformation zur Restauration. Schleiermacher in Berlin 1813–1821* (Arbeitstitel, erscheint 2023)).
96 Schleiermacher [1884] 1999, 234.
97 Schleiermacher [1884] 1999, Beilage A, § 77, 25.
98 Vgl. Arnulf von Scheliha, „Schleiermacher als politischer Denker", in Andreas Arndt, Kurt-Victor Selge, Hrsg., *Schleiermacher – Denker für die Zukunft des Christentums* (Berlin/New York: De Gruyter, 2011), 83–99.

cher auch beim reinigenden Handeln des Staates, wie er am Straf- und Kriegsrecht deutlich macht. So tritt er vehement für die Abschaffung der Todesstrafe und für die Resozialisierung der Straftäter*innen ein.[99] Auch der in sittlicher Perspektive nur als Verteidigungskrieg erlaubte Krieg wird von Schleiermacher als Teil des reinigenden Handelns im Staat verstanden.[100] Ganz lapidar heißt es in einer Randbemerkung: „Also Krieg, weil zerstörend, ist unsittlich."[101]

Das verbreitende Handeln im Staat wird für Schleiermacher vorzüglich deutlich in seinem Verständnis des Staates als Kulturstaat. Er hat für Schleiermacher dafür zu sorgen, dass alle gesellschaftlichen Sphären wie Bildung und Wissenschaft, Religion und Kunst, Eigentumsbildung und Wirtschaften sich ausbilden und ihre spezifischen Aufgaben übernehmen können. Im Sinne von Schleiermachers Theorie des „Gottesdienstes im weiteren Sinne" besteht der spezifische Einfluss des Christentums in diesem Zusammenhang darin, dass die Christ*innen in allen sozialen Bereichen tätig sind. Das setzt wiederum voraus, dass diese gesellschaftlichen Sphären offen füreinander sind, Kooperation und Durchlässigkeit ermöglichen. In diesem Sinne kann der Geist des Christentums, die Liebe, alle gesellschaftlichen Sphären und Institutionen durchdringen. Die christliche Liebe ist daher das sittliche Medium der Einheit auf der Basis von Ausdifferenzierung und zugleich kritische Norm für die Evaluierung gesellschaftlicher Ist-Zustände.

Auf diese Weise ergibt sich ein Neunerschema, das die Gliederung des Stoffes der Christlichen Sitte bestimmt.

---

99 Vgl. Birkner 1964, 132–133.
100 Vgl. Arnulf von Scheliha, „Die Beziehungen der Völker nach Schleiermachers Staatslehre", *ZNThG/JHMTh 12* (2005), 1–15.
101 Schleiermacher [1884] 1999, Beilage A, § 232, 93.

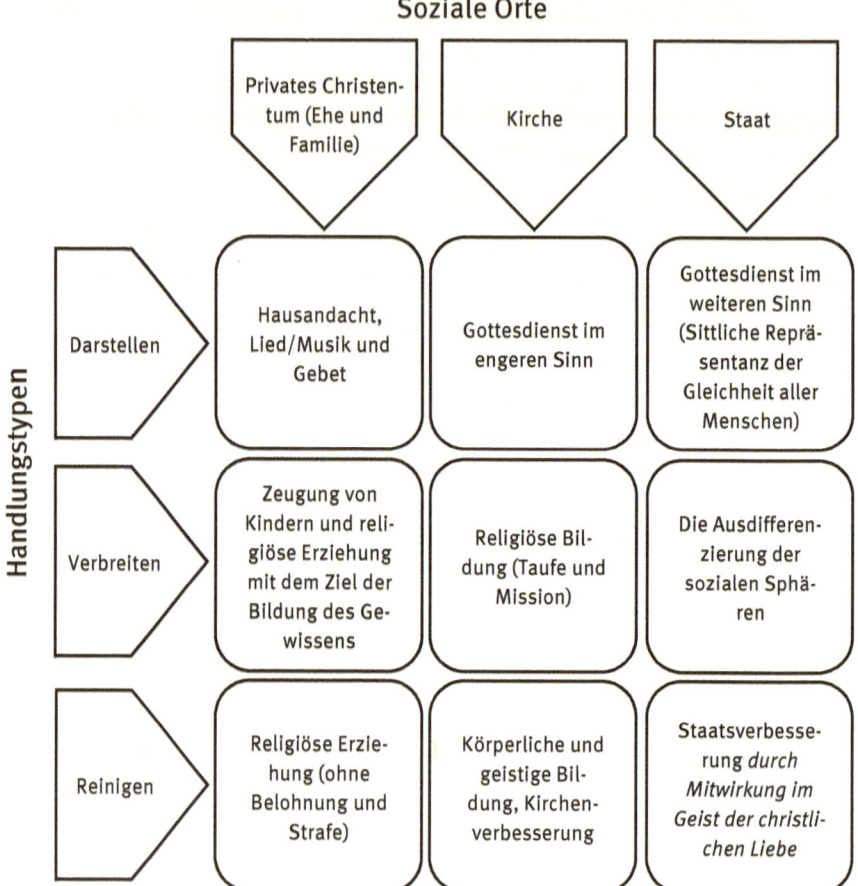

Die Verfeinerung der christlichen Sozialtheorie durch die „Mittelglieder"

Nun zeigt sich in wenigen Bemerkungen Schleiermachers, vor allem in den Randnotizen zu den einzelnen Vorlesungen und in einzelnen Nachschriften, dass Schleiermacher dieses Neunerschema grenzdialektisch angereichert hat. Denn er beleuchtet gelegentlich – nicht unbedingt systematisch – soziale Konstellationen, die gewissermaßen ‚zwischen' „Ehe/Familie", „Kirche" und „Staat" angesiedelt sind und so etwas wie freie Sozialgestalten des Christentums darstellen. Schleiermacher spricht in diesem Zusammenhang von „Mittelgliedern".[102]

Einmal denkt Schleiermacher die Wirksamkeit der christlichen Handlungsimpulse jenseits des Staates. Er verweist zum Beispiel auf das „Gefühl[] der allgemeinen Menschenliebe"[103], das die Grenzen überschreitet, die zwischen den Staaten gesetzt sind und sich auf alle Menschen bezieht. Die christliche Liebe leistet nach Schleiermacher also einen Beitrag zur Bildung eines kosmopolitischen Bewusstseins der Zusammengehörigkeit aller Menschen auf der Basis von Freiheit und Gleichheit, und zwar jenseits von kultureller Prägung und staatlicher Zugehörigkeit. Religion (und Wissenschaft) bilden für Schleiermacher so etwas wie die zwei Säulen einer Weltzivilgesellschaft (extensives verbreitendes Handeln). Dieses Überschreiten des eigenen Nationalbewusstseins und der ihm entsprechenden Staatszugehörigkeit bildet für Schleiermacher sogar den spezifischen „Unterschied zwischen der christlichen und vorchristlichen Ansicht der Sache"[104]. Denn für die christliche Sitte ist das Bezogensein auf den Staat immer nur „Durchgangspunkt"[105] für die allgemeine Menschenliebe.

Das Verhältnis der Staaten zueinander denkt Schleiermacher in seinen Vorlesungen zur Christlichen Sittenlehre als „ein rechtliches Verhältniß"[106] und die sittliche Aufgabe besteht darin, die „Feindseligkeit unter den Völkern"[107] zu überwinden. Für Schleiermacher steht fest: Immanuel Kants „Idee des ewigen Friedens ist rein christlich"[108]. Insofern realisiert sich in seiner Diagnose im Frieden zwischen den Nationen christliche Substanz. Die Weltzivilgesellschaft und der Friede in der Staatengemeinschaft sind für Schleiermacher „Mittelglieder" christlicher Sozialpraxis.

Sodann stellt Schleiermacher deutlicher als in seiner Dogmatik *Der christliche Glaube* in den Vorlesungen zur Christlichen Sittenlehre fest, dass die christliche Kirche faktisch „in der von der Natur selbst aufgegebenen Pluralität der

---

102 Vgl. z.B. Schleiermacher [1884] 1999, Beilage A, § 222, 86 und § 225, 88. Auch in seinen Vorlesungen zur Staatslehre benutzt Schleiermacher diesen Begriff zur Bezeichnung von intermediären Gemeinschaftsformen, die zwischen den festen (und notwendigen) Institutionen stehen.
103 Schleiermacher [1884] 1999, Beilage A, § 232, 92.
104 Schleiermacher 2011a, 480.
105 Schleiermacher 2011a, 481.
106 Schleiermacher [1884] 1999, 454.
107 Schleiermacher [1884] 1999, 454.
108 Schleiermacher [1884] 1999, 485.

Kirchen"[109], das heißt in einer Vielzahl von „Partialkirchen"[110] existiert. Grundsätzlich unterscheidet Schleiermacher also zwischen *der* Kirche als die Gesamtheit der von Christus ausgehenden geschichtlichen Wirkungen des Christentums und den „Confessionen"[111], in denen das Christentum institutionell und kulturrelativ wirklich wird.[112] Die Konfessionskirchen bezeichnet Schleiermacher ausdrücklich als „Mittelglieder". Innerhalb der Konfessionskirchen registriert Schleiermacher die Bildung von „mancherlei christliche[n] Verbindungen"[113] wie „Ordenscorporationen im Katholicismus, und [...] entstehenden und wieder vergehenden religiösen Gesellschaften"[114] oder „Conventicul"[115] im Protestantismus, in denen der Glaube durch eine bestimmte „Anzahl gleichgestimmter Individuen"[116] in der Regel durch „eine leitende Persönlichkeit"[117] gemeinschaftlich gepflegt wird. Diese besonderen Gemeinschaftsformen deuten, sofern sie nicht in Opposition zur Kirche stehen, „auf eine höhere Kraft und Frische des religiösen Lebens"[118] und werden von ihm als wesentlicher Teil des verbreitenden Handelns der Kirche verstanden, sofern – darauf legt Schleiermacher ausdrücklich Wert – diese binnenkirchlichen Sozialformen „sich gegenseitig in ihrer Eigenthümlichkeit anerkennen und nicht gegeneinander polemisiren"[119]. Schleiermacher denkt also innerhalb der christlichen Kirche soziale Strukturbildung auf der Basis von Selbstorganisation jenseits der amtskirchlichen Struktur von Klerus und Laien.[120] Diese Möglichkeit zur freien Selbstorganisation ist für Schleiermacher geradezu ein Profilmerkmal des protestanti-

---

109 Schleiermacher [1884] 1999, Beilage A, § 220, 85.
110 Schleiermacher [1884] 1999, 412.
111 Schleiermacher [1884] 1999, Beilage A, § 222, 86.
112 Vgl. dazu Birkner 1964, 110–112 (Anm. 14).
113 Schleiermacher [1884] 1999, 412.
114 Schleiermacher [1884] 1999, 413.
115 Schleiermacher [1884] 1999, Beilage A, § 225, 88.
116 Schleiermacher [1884] 1999, 413.
117 Schleiermacher [1884] 1999, 413.
118 Schleiermacher [1884] 1999, 413.
119 Schleiermacher [1884] 1999, 414.
120 Vgl. dazu auch Matthew Ryan Robinson, Redeeming Relationship, Relationships that Redeem. Free Sociability and the Completion of Humanity in the Thought of Friedrich Schleiermacher (Tübingen: Mohr Siebeck, 2018), 154–168. Robinson zeigt am Lehrstück vom Amt der Schlüssel in der Glaubenslehre, dass Schleiermacher auch in sein dogmatisches Verständnis der Kirche Formen der „person-to-person relationships as inseparable from and actively engaged in the process of redemption" (Robinson 2018, 167) eingearbeitet hat, so dass die Sozialform der freien Geselligkeit auch in dogmatischer Perspektive zu den wesentlichen Merkmalen der Kirche gezählt werden kann.

schen Kirchenverständnisses.[121] Konsequenterweise betont er in seiner Vorlesung von 1826/27, dass gerade das protestantische Kirchenverständnis Raum für freie Selbstorganisation lässt. Sie ist als Ausdruck der „Evangelischen Freiheit"[122] zu verstehen.

Schließlich identifiziert Schleiermacher auch zwischen dem privaten Christentum in der Familie und der Kirche ein „Mittelglied", nämlich die „Freundschaft". Hier greift er ein bis auf Aristoteles zurückgehendes, in der Aufklärung und in der Romantik erneut stark gemachtes Motiv auf. Schon in seinen frühen Schriften und in seinen Vorlesungen zur Philosophischen Ethik hat Schleiermacher auf die soziale Bedeutung der Freundschaft aufmerksam gemacht.[123] Diese Idee begegnet nun auch in den Vorlesungen zur Christlichen Sittenlehre. „Freundschaft" ist für ihn das „Gemeinschaftstiften der einzelnen unter einander ohne Rüksicht auf das Familienband"[124]. Sie „bezieht sich auf eine gemeinsame Richtung der Gesinnung und hat einen bloß inneren Haltungspunkt ohne äußere Form."[125] Sie erweitert die religiöse Kommunikation in der Familie mit Einzelnen, „welche nicht unmittelbar einem christlichen Hauswesen angehören"[126]. Dies geschieht „freithätig"[127], also auf der Basis von Wahlanziehung. Diese Freundschaften, das heißt „Verbindungen zwischen einer Anzahl gleichgestimmter Individuen"[128], widmen sich interessegeleitet jenseits der familiären Vorgaben einerseits und den Kirchen andererseits religiösen Fragen. In der Form von „religiösen Gesellschaften" kann die Freundschaft auch eine vereinsähnliche Verstetigung annehmen,[129] die dann als binnenkirchliche Struktur anzusehen ist, sofern sie sich nicht, wie oben bereits erwähnt, als innerkirchliche Opposition verstehen.

---

121 Die „Bindepunkte" zwischen „der Individualität der persönlichen Gesinnung und der Einheit der Kirche [...] organisiren sich und bestehen nach Maaßgabe daß der Gegensaz lebendig bleibt, und die Kirche hat sich immer nur so dargestellt. Anm. Dies ist eine rein protestantische Ansicht. denn die katholische sieht streng genommen alles abweichende als Häresis an" (Schleiermacher [1884] 1999, § 222, 86).
122 Schleiermacher 2011a, 360: "Separatismus".
123 Vgl. Arnulf von Scheliha, „The Development of Individuality. Some Considerations on the Importance of Friendship in Schleiermacher's Social Theory", in Matthew Ryan Robinson, Kevin M. Vander Schel, Ed., *Beyond Tolerance. Schleiermacher on Friendship, Sociability, and Lived Religion* (Berlin/Boston: De Gruyter, 2019), 25–38.
124 Schleiermacher [1884] 1999, Beilage A, § 222, 86.
125 Schleiermacher [1884] 1999, Beilage A, § 222, 86.
126 Schleiermacher [1884] 1999, 397.
127 Schleiermacher [1884] 1999, 397.
128 Schleiermacher [1884] 1999, 413.
129 Vgl. Schleiermacher [1884] 1999, 408–415.

„Freundschaft" als religiöse Sozialform ist für Schleiermacher Teil seines umfassenden Verständnisses der sozialen Realität des Christentums, die von ihm stets so gedacht wird, dass die Einzelnen die bestehenden Grenzen zwischen den Sozialformen überschreiten sollen. In der Vorlesung von 1826/27 fällt der vielsagende Satz: „Man soll versuchen mit allen Christen in Gemeinschaft zu treten"[130], und zwar „unabhängig vom Verhältniß zur eigenen Kirche"[131] nach dem Prinzip der „Wahlanziehung"[132]. Hier berührt sich die aus der Familie heraustretende Sozialform der Freundschaft mit der oben angesprochenen kosmopolitischen Dimension des christlichen Ethos. Vor dem Hintergrund dieser Hochschätzung der Freundschaft wird auch klar, warum Schleiermacher als Prediger seine Gemeinde stets mit „meine geliebten Freunde" angeredet hat. Diese Anrede ist Ausdruck seiner Sozialphilosophie des Christentums, in der die Gleichheit vor Gott größeres Gewicht hat als die für die Kirche charakteristische, stets funktional zu verstehende Unterscheidung von Klerus und Laien. In seiner vierten Rede *Über die Religion* hatte Schleiermacher diesen Gedanken erstmals entfaltet und den Diskurs unter Wahlverwandten als den Idealfall religiöser Kommunikation dargestellt.[133] Mit ihrem Spezifikum, nämlich der freien Selbstorganisation, hat die Freundschaft den gleichen sittlichen Status als „Mittelglied" wie die Konfessionskirchen. Was Schleiermacher insgesamt vorschwebt, ist eine Balance von organisierter und freier religiöser Sozialform.

Eine der Freundschaft noch vorgelagerte Sozialform, nämlich die christliche „Gastfreiheit", hat Schleiermacher in seinen christlichen Hausstandpredigten ausführlich beschrieben.[134] In der „Gastfreundschaft" öffnet sich der christliche Hausstand für Andere, die er aufnimmt, festlich bewirtet und mit denen er in Kommunikation tritt, worin sie ihr Ziel findet. „Der Zweck aller Gastfreiheit soll auf geistigen Verkehr und geistigen Genuß gerichtet sein, und alles äußere und leibliche soll dem nur dienen."[135] Feinsinnig warnt Schleiermacher vor paternalistischen Übergriffen der Gastgebenden auf die Gäste und betont die erforderliche Symmetrie der Kommunikation, indem er einschärft, „daß sich in der Gastfreiheit eine Gegenseitigkeit des geistigen Gebens und Empfangens

---

130 Schleiermacher 2011a, 388.
131 Schleiermacher 2011a, 389.
132 Schleiermacher 2011a, 389.
133 Vgl. Friedrich Schleiermacher, *Schriften aus der Berliner Zeit. 1796–1799*, hg. von Günter Meckenstock, Kritische Gesamtausgabe Bd. I/2 (Berlin/New York: De Gruyter, 1984b), insbes. 184–190.
134 Vgl. Schleiermacher 2012, 732–745.
135 Schleiermacher 2012, 736.

erzeuge"[136]. Nur durch wechselseitige Kommunikation wird der geistig-religiöse Horizont erweitert.

Mit der Theorie der Mittelglieder wird das ursprüngliche Neunerschema der Christlichen Sittenlehre noch einmal in signifikanter Weise erweitert und ausdifferenziert. Zwischen dem privaten Christentum (in Schleiermachers Terminologie: Ehe und Familie) und der „Kirche" stehen die „christliche Gastfreundschaft", die „Freundschaft" und die „religiöse Gemeinschaft" oder der „religiöse Verein", also Sozialformen, in denen religiöse Interessen in der Zivilgesellschaft verfolgt und die von religiösen Individuen gegründet werden. Kennzeichnend für diese Sozialformen ist für Schleiermacher, dass sie einen Übergangscharakter haben und nur vorübergehend existieren. Die auf Dauer angelegte, institutionelle Sozialform des Christentums ist die „Kirche", die Schleiermacher unter der Bedingung der stets zeitgebunden und kulturrelativ gedachten Christlichen Sittenlehre als Konfessions- und Partikularkirchen denkt und behandelt. Diese Kirchen verbinden ihrerseits amtskirchliche und interessegeleitete Binnenstrukturen miteinander, so dass letztgenannte noch einmal eine eigene Sozialform ausprägen. Das ethische Engagement von Christ*innen im Staat, das Schleiermacher als einen klassischen Ort für die Wirksamkeit der christlichen Ethik sieht, wird schließlich ergänzt durch weltgesellschaftliche Überschreitung des Lebens im Staat und die globale Verantwortung des christlichen Ethos. Auf diese Weise ergibt sich folgendes Schema (Ergänzungen in Fett und Kursiv):

---

[136] Schleiermacher 2012, 738.

32 — Die Verfeinerung der christlichen Sozialtheorie durch die „Mittelglieder"

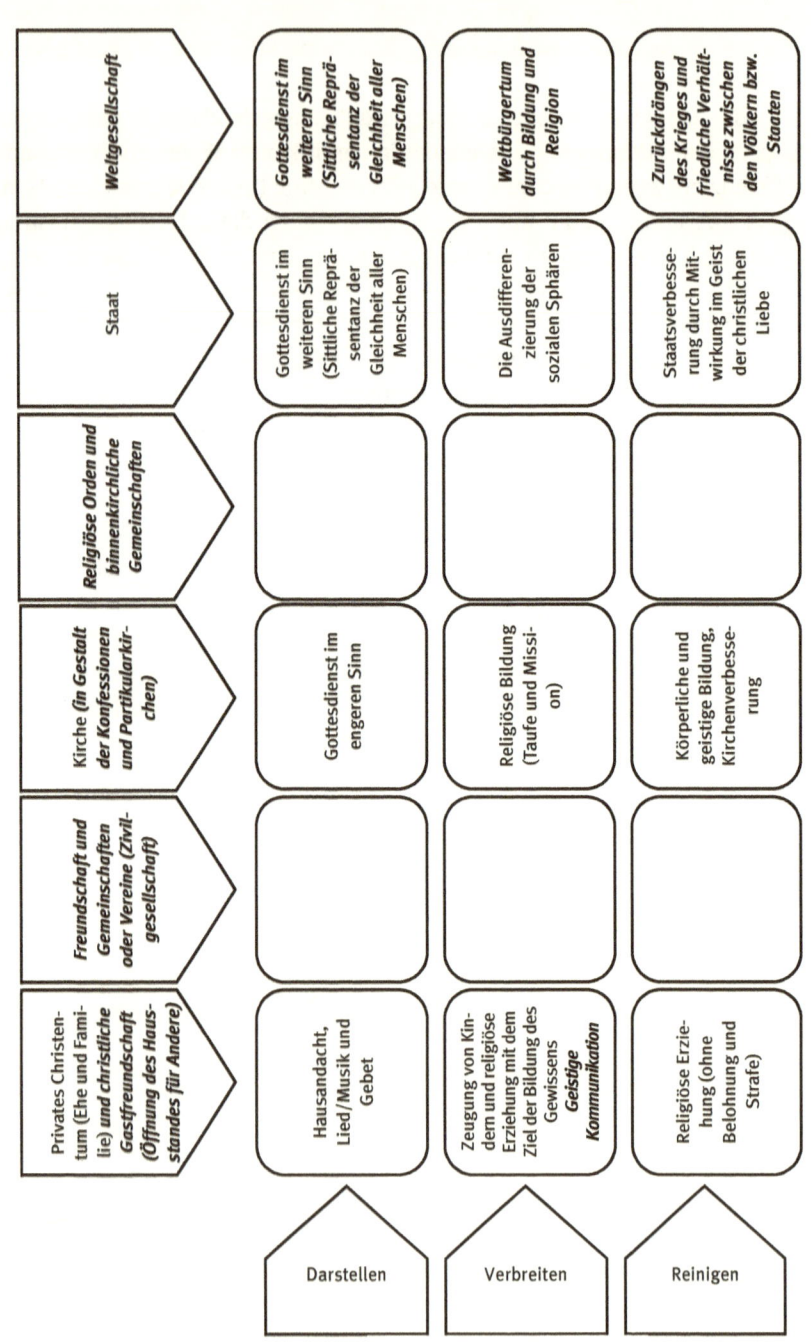

Alle christlichen Sozialformen stehen unter der Norm der Liebe, die Schleiermacher als Einheit von Getrenntem denkt. Sie führt die Individuen in der jeweiligen Sozialform zusammen und macht diese durchlässig auf die anderen hin. Handlungstheoretisch begründet die Liebe jede Form der Vergemeinschaftung und macht zugleich den Übergang in eine andere Sozialform möglich, weil sie das Prinzip aller Gemeinschaft zu werden bestimmt ist.

Die Bedeutung von Schleiermachers Theorie der Mittelglieder besteht darin, dass Schleiermacher die soziale Gestalt des Christentums nicht nur in der Vielfalt seiner Konfessionskulturen und -kirchen erfasst, sondern dass auch – und mit dem gleichen Recht – Sozialformen auf der Basis schwacher Institutionalisierung in den Blick kommen, die unterschiedliche und vielleicht auch zeitbedingte Funktionen und Bedeutungen haben, indem sie entweder Übergänge ermöglichen, vorübergehende oder subsidiäre Sozialformen des Christentums darstellen oder auch nur die Grenzen der klassischen Sozialformen kenntlich machen. Die kategoriale und theologische Bedeutung dieses Befundes soll im Schlussteil nochmals herausgearbeitet werden.

Die kategoriale Bedeutung von Schleiermachers christlicher Sozialphilosophie für die zeitdiagnostische Beschreibung des Christentums

Die religionssoziologische Beschreibung der Situation des Christentums in den modernen Gesellschaften ist gegenwärtig stark durch die Säkularisierungstheorien geprägt, die in mehreren Varianten vertreten werden. Oftmals wird dabei die gegenwärtige Bedeutung der christlichen Religion im Wesentlichen nach der Zugehörigkeit zu den religiösen Institutionen in der Gesellschaft, am Teilnahmeverhalten an den kirchlich geprägten oder kirchlich offerierten Angeboten und am Wissen über die religiösen Traditionsbestände bemessen.[137] Vor diesem Hintergrund ist wenig überraschend, dass mit dem Begriff der Säkularisierung der Verlust des gesamtgesellschaftlichen Einflusses der Kirche beschrieben wird.

> In dem wechselvollen Auf und Ab gegenläufiger Differenzierungs- und Entdifferenzierungsprozesse musste die Kirche ihre sozialen Geltungsansprüche immer weiter zurück-

---

[137] Vgl. gegenwärtig vor allem Detlef Pollack, Gergely Rosta, *Religion in der Moderne. Ein internationaler Vergleich* (Frankfurt am Main: Campus Verlag, 2015) und Detlef Pollack, *Religion und gesellschaftliche Differenzierung. Studien zum religiösen Wandel in Europa und den USA* (Tübingen: Mohr Siebeck, 2016).

stecken. Erstreckten sie sich im Mittelalter noch auf den gesamten bewohnten Erdkreis, so konnten Protestantismus und Katholizismus nach dem Augsburger Religionsfrieden soziale Zuständigkeit nur noch für die von einem Herrscher ihrer jeweiligen Konfession regierten Territorien beanspruchen. Im 19. Jahrhundert umgriffen die kirchlichen Geltungsansprüche oft nur noch sozialstrukturell abgegrenzte Milieus. Heute machen sie sich vor allem an der funktionalen Unaufrechenbarkeit des menschlichen Individuums fest, an seiner sozialen Unableitbarkeit [...], an seiner Sakralität [...], an der Unvermeidlichkeit seiner religiösen Bestimmung [...]. Die Geschichte des Christentums in Westeuropa ist eine dramatische Subtraktionsgeschichte. Im Laufe dieser Geschichte ging dem Christentum der Glaube an die doppelte Codierung der Transzendenz, also der Glaube an Himmel und Hölle, an Engel und Teufel, weitgehend verloren, ebenso der Glaube an das erfahrbare Eingreifen Gottes in die Natur, an Wunder, an die Auferstehung, an das heilsame Wirken Gottes in der Geschichte, an die Erkennbarkeit Gottes, an die Beweisbarkeit seiner Existenz, an die Naturerkenntnis aus der Lektüre der Heiligen Schrift, an die magische Kraft des Gebets. Vor allem aber büßte die Kirche im Laufe der Jahrhunderte auf beachtliche Weise ihre klare Ausrichtung auf die Funktion der Vermittlung des Heils für den sündhaft verdorbenen Menschen ein. [...] Die gesellschaftliche Funktion der Religion im westeuropäischen Raum ist weithin unbestimmt geworden, was womöglich unter anderem mit der in Westeuropa zu beobachtenden Bedeutungsverschiebung des Religiösen von der Ebene der institutionalisierten christlichen Kirchen auf die Ebene des Individuums, also mit dem Bedeutungsverlust der christlichen Kirchen, der Aufwertung des religiösen Individuums und der Anthropologisierung der christlichen Botschaft zusammenhängt.[138]

Dieses Zitat macht deutlich, dass die Diagnose von der kategorialen Zentralstellung der Kirche und einem fest umrissenen Glaubenswissen geprägt ist, deren Wandel insgesamt als Verlust beschrieben wird. Nicht so deutlich wird der übergeordnete Kontext der Modernisierung der Gesellschaft, wie zum Beispiel Niklas Luhmann systemtheoretisch als funktionale Ausdifferenzierung der Gesellschaft rekonstruiert hat.[139] Darunter versteht man die arbeitsteilige Verselbstständigung der gesellschaftlichen Teilbereiche, die ihre spezifischen Aufgaben gemäß einer je eigenen Rationalität erfüllen. In der Logik dieser Entwicklung emanzipieren sich alle sozialen Sphären voneinander (Politik, Wirtschaft, Recht, Wissenschaft, Bildung, Religion, Kunst, Freizeit). Die Emanzipation von den ursprünglich alle Bereiche bestimmenden religiösen Vorgaben ist notwendiger Teil dieses Prozesses. In dieser Perspektive beschreibt die Säkularisierung die andere Seite der Medaille der funktionalen Ausdifferenzierung der Gesellschaft. Aber auch innerhalb der gesellschaftlichen Teilbereiche, die weiterhin für die religiösen Fragen zuständig sind, nehmen die Religionssoziolog*innen eine abnehmende Bindungskraft der einstmals festen Strukturen, wie sie ehe-

---

[138] Pollack 2016, 21–22.
[139] Vgl. Niklas Luhmann, *Funktion der Religion* (Frankfurt am Main: Suhrkamp, 1982).

dem durch die Kirchen repräsentiert wurden, wahr. Dies zeigt sich in einer Pluralisierung der Religionskultur, schwindenden Kirchenmitgliederzahlen, sinkenden Gottesdienstteilnahmen und einem diffusen religionskundlichen Wissen. Auch die Zahl an Taufen, Trauungen und kirchlichen Trauerfeiern nimmt ab. In dieser Perspektive bewirkt die Modernisierung der Gesellschaft zugleich eine Auflösung des religiös geprägten Verhaltens.

Anders argumentiert die soziologische Transformationsthese. Sie bestreitet die empirischen Befunde der Säkularisierungsthese von der nachlassenden Bindungskraft der religiösen Großinstitutionen nicht, interpretiert sie aber anders.[140] Man geht dabei – ganz im Sinne Schleiermachers – davon aus, dass es so etwas wie eine religiöse Anlage im Menschen gibt, die durch Interaktion vitalisiert, sozial kommuniziert und kultiviert wird. Moderne Gesellschaften zeichnen sich nun dadurch aus, dass die ursprünglich festen religiösen Traditionen und Gemeinschaftsformen verflüssigt werden und religiöse Vielfalt aufkommt. Die Religionen sind nicht mehr für einen die Gesellschaft überwölbenden Gesamtsinn zuständig, der von ihnen gebildete „Heilige Kosmos" wird nicht mehr durch die großen religiösen Institutionen getragen, sondern von sogenannten sekundären Institutionen, über deren Zugehörigkeit die Einzelnen selbst entscheiden.[141] Die Verantwortung für die Pflege der Religion verlagert sich in die „Privatsphäre", sie bildet nun die „soziale Basis"[142] für neue, oftmals hybride religiöse Gemeinschaftsformen, in denen Religion gepflegt wird. Die Macht der großen religiösen Institutionen schwindet zwar und die gemeinschaftliche Religionspflege verändert sich, aber es bilden sich neue, kleine, volatile religiöse Sozial- und Kommunikationsformen – bis hin zur Unsichtbarkeit, für die sich die Kirchen ihrerseits öffnen.[143]

Beide religionssoziologischen Theorieansätze haben ihre Stärken und Schwächen.[144] Man kann nun Schleiermachers christlicher Sozialphilosophie eine Art Mittelstellung zwischen diesen Fronten zuweisen. Denn einerseits

---

140 Vgl. grundlegend Thomas Luckmann, *Die unsichtbare Religion* (Frankfurt am Main: Suhrkamp, 1991) und gegenwärtig Hubert Knoblauch, *Religionssoziologie* (Berlin/New York: De Gruyter, 1999).
141 „Die Sozialform der Religion, die in modernen Industriegesellschaften entsteht, ist dadurch charakterisiert, daß potentielle Konsumenten einen direkten Zugang zum Sortiment der religiösen Repräsentationen haben" (Luckmann 1991, 146).
142 Luckmann 1991, 151.
143 Vgl. Luckmann 1991, 143.
144 Grundlegend dazu Ulrich Barth, „Säkularisierung und Moderne. Die soziokulturelle Transformation der Religion", in Ders., *Religion in der Moderne* (Tübingen: Mohr Siebeck, 2003), 127–165.

rechnet er güterethisch mit der zunehmenden Ausdifferenzierung der gesellschaftlichen Teilbereiche, die den gesamtgesellschaftlichen Einfluss der Kirchen beschneidet. Diesen Sachverhalt hat Schleiermacher aus theologischen, genauer: protestantismustheoretischen Gründen auch begrüßt. Denn die Kirchen sind vor allem für die öffentliche Religionspflege da, was in der Priorisierung des darstellenden Handelns deutlich wird, in dem sich die gemeinschaftliche Religionspflege an ihr selbst zeigt. In der Fluchtlinie der historischen Gesamtentwicklung, in die das Christentum eintritt und die es in gewisser Weise befördert, liegt für ihn durchaus die Verselbständigung der gesellschaftlichen Teilbereiche mit ihren systemischen Eigenrationalitäten, die Schleiermacher vernunfttheoretisch und güterethisch rekonstruiert hat. Als Kirchenpolitiker hat sich Schleiermacher selbst stets für die Entflechtung von Staat und Kirche eingesetzt, als Wissenschaftspolitiker für die institutionelle Freiheit der Bildungsinstitutionen. Mit Blick auf das ‚Glaubenswissen' dürfte seine auf dem Begriff des Gefühls basierende Religionstheorie keine Anhaltspunkte dafür liefern, die Vitalität des christlichen Glaubens am Maßstab einer „sozialwissenschaftliche[n] Katechismusprüfung"[145] (Martin Fritz) erheben zu wollen. Vielmehr verweist Schleiermachers Sozialtheorie des Christentums darauf, dass der gesellschaftliche Einfluss des Christentums sowohl durch die christlichen Kirchen als auch durch die Christ*innen geprägt wird, die den Glauben in selbstgewählten Sozialformen pflegen und durch die Umsetzung der christlichen Handlungsimpulse in allen Sphären der Gesellschaft zur Geltung bringen. Insofern weist seine Sozialtheorie des Christentums strukturelle Affinitäten zu denjenigen Aspekten auf, die soziologisch mit der Modernisierung der Gesellschaft verbunden werden, die aber nur in einer bestimmten Perspektive als „Säkularisierung" zu bezeichnen sind.

Denn im Unterschied zur Transformationsthese bringt nach Schleiermacher nicht erst die Modernisierung der Gesellschaft die hybriden Sozialformen hervor, vielmehr sind diese dem Christentum strukturell immer schon zu eigen. Die vielfältigen Sozialformen sind Teil der Realität des Christentums, das in Ehe und Familie (heute würden wir sagen: Partnerschaften), in freiwilligen Zusammenschlüssen (Freundschaft, Gruppen, Vereinen), in Events und Aktionen (man denke an die Kirchentags- oder Pilgerbewegung) oder durch christliches Engagement in ganz unterschiedlichen gesellschaftlichen Gebieten gleichursprünglich wirklich wird. In religionssoziologischer Perspektive besteht damit die Möglichkeit, neben der Analyse des Wandels der fest organisierten Religion

---

[145] Martin Fritz, „Christliche Kultur ohne Christen? Eine demoskopische Erhebung des Instituts Allensbach", *Zeitschrift für Religion und Weltanschauung 85* (2/2022), 100–106, 104.

auch die Formen privater und selbstorganisierter Religionskultivierung in den Blick zu nehmen. Damit soll nicht bestritten werden, dass das moderne Leben auch diese Formen in einen Prozess der Dynamisierung versetzt hat, der auch krisenhafte Züge annimmt, jedoch nicht das Ende der christlichen Religion bedeutet. Der zum Beispiel durch die Covid-Sars19-Pandemie seit 2020 bewirkte Schub an digitalen Formen von religiöser Vergemeinschaftung und Kommunikation kann durchaus als neue Etappe im „höchst krisenreichen Prozeß der Umformung ihrer Sozial- und Bewußtseinsgestalt"[146] beschrieben werden. Insofern ist festzuhalten, dass die Grundeinsichten von Schleiermachers christlicher Sozialphilosophie für eine Erfassung der Präsenz des Christentums in der Gegenwart ein kategorial und methodisch breites Spektrum anbieten, das in gegenwärtig gängigen religionssoziologischen Modellen weder abgedeckt noch ausgeschöpft wird.

Die theologische Bedeutung der vielgestaltigen Realisierungsformen des Christentums

Dass diese Kritik an den gängigen religionssoziologischen Verfallstheorien theologisch nicht trivial ist, hat jüngst der Hallenser Theologe Ulrich Barth in seiner im letzten Jahr publizierten Dogmatik *Symbole des Christentums* eingeschärft.[147] In seiner Ekklesiologie betont er die gegenwartsbezogene Bedeutung von Martin Luthers Unterscheidung von sichtbarer und unsichtbarer Kirche, die ihren theologischen Fußpunkt in der reformatorischen Grundeinsicht vom Priestertum aller Gläubigen hat. Sie gehört nicht nur „zu den institutionenkritischen Grundelementen der Reformation"[148], sondern bringt auch „den religiösen Gleichheitsgedanken" als „Gnadenegalität ebenso wie Vollmachtsegalität"[149] zur Geltung. Damit ist binnenkirchlich das Verständnis des kirchlichen Amtes „von der Anlage her strikt funktional gefasst"[150] und zugleich die Möglichkeit zur Bildung „einer neuen Form der Glaubenskommunikation"[151] gegeben. Sie realisiert sich seit dem 18. Jahrhundert als protestantische Öffentlichkeit. „Mit der Verlagerung des Religionsdiskurses in die Öffentlichkeit wurden

---

146 Barth 2003, 164.
147 Vgl. Ulrich Barth, *Symbole des Christentums. Berliner Dogmatikvorlesung*, hg. von Friedemann Steck (Tübingen: Mohr Siebeck, 2021).
148 Barth 2021, 444.
149 Barth 2021, 445.
150 Barth 2021, 446.
151 Barth 2021, 448.

die vermeintlichen Laien zum eigentlichen Träger gelebten Christentums"[152] und Barth fordert: „Es gehört zu den durch die Aufklärung geschaffenen Gegebenheiten, dass institutionell verwaltete und außerinstitutionell agierende Religionskultur nebeneinander stehen und vielfach miteinander konkurrieren."[153] Durchaus im Anschluss an Schleiermacher arbeitet Barth mit einem undogmatisch gefassten Begriff des Christentums, der es erlaubt, nicht nur das „Modell freier Glaubenskommunikation"[154] zu integrieren, sondern den Gedanken Johann Jakob Semlers vom „Christentum[] außerhalb der Kirche"[155] aufzugreifen und für eine Fortschreibung der von dem Münchener Theologen Trutz Rendtorff (1931–2016) umrissenen „Theorie des Christentums" fruchtbar zu machen, die – wie Schleiermacher – mit unterschiedlichen Realisierungsgestalten des Christentums jenseits der Kirche rechnet und überall dort identifiziert, wo die christliche Freiheit realisiert wird. Barth reichert Rendtorffs Modell um den Aspekt der unsichtbaren Kirche an, die er aus einem radikalisierten Freiheitsverständnis ableitet:

> Wenn die christliche Freiheit den Kern der soziokulturellen Realisierung des Christentums bildet, dann liegt darin zugleich auch die Freiheit der Aneignung und Weiterbildung der unterschiedlichen Facetten seiner vielfältigen Überlieferungsgeschichte. Sie lässt sich nicht regulieren und schon gar nicht reglementieren.[156]

Daher findet sich auch bei Barth das Interesse an der Identifikation christlicher Sozialformen jenseits der amtskirchlichen Zuständigkeit. In Weiterführung von Überlegungen des Theologen Albrecht Ritschl (1822–1889) versteht Barth nun das „Christentum als Glaubensgemeinschaft, Ethosgemeinschaft, Kultgemeinschaft und Rechtsgemeinschaft"[157]. Der Glaubens- und Ethosgemeinschaft ordnet er das Merkmal „unsichtbar" zu, während für ihn nur die Kult- und Rechtsgemeinschaft mit der sichtbaren Institution der Kirche(n) zusammenfällt. Auf die unsichtbare Kirche, die Barth als „spirituelle Verbundenheit des Lebens"[158] bezeichnet, setzt Barth den dogmatischen Akzent.

Die von Barth bewusst eingespielte Vernachlässigung der sichtbaren Amtskirchen und die Radikalität, mit der er die unsichtbaren Formen der Vergemein-

---

152 Barth 2021, 451.
153 Barth 2021, 449.
154 Barth 2021, 452.
155 Barth 2021, 452.
156 Barth 2021, 460.
157 Barth 2021, 429.
158 Barth 2021, 419.

schaftung betont, kann vor dem Hintergrund der hier vorgestellten sozialtheoretischen Einsichten Schleiermachers aufgegriffen, zugleich etwas zurechtgerückt werden. Mit Schleiermachers Grundeinsichten der Christlichen Sittenlehre wird man die (unsichtbare) Glaubens- und Ethosgemeinschaft nicht gegen die (sichtbare) Kult- und Rechtsgemeinschaft ausspielen können. In Schleiermachers Konzept genießt die ‚Amtskirche' Priorität. Aber zugleich zeigt die komplexe Sozialtheorie der Sittenlehre, dass man die von Barth vermeinten, selbstbestimmten und volatilen, mitunter sehr unterschiedlichen (ästhetischen, spirituellen, ethischen) Aspekte des Glaubenslebens kultivierende, wohl doch immer auch sichtbar werdende Sozialformen als Teil der Realpräsenz des Christentums verstehen kann. Neben den klassischen Sozialorten des Christentums in Kirche, Ehe/Familie und Staat sind es dann vor allem die von Schleiermacher als Mittelglieder benannten Sozialformen, in denen interessegeleitet, neigungsbestimmt und auf der Basis von Wahlanziehung einzelne Aspekte des Christentums gelebt und im modernen Leben präsent gehalten werden. Diese „Synthese von freiem und kirchlichem Protestantismus"[159] macht nicht nur mit der reformatorischen Gnaden- und Vollmachtsegalität und der durch sie ermöglichten offenen Religionskultur ernst, sondern erlaubt es auch, die vielfache Präsenz christlicher Symbole und Überlieferung etwa in der Musik, der bildenden Kunst, der Literatur und des Theaters einzubeziehen und theologisch als Ausdruck des christlichen Geistes wertzuschätzen. Gleiches gilt für das gesellschaftliche und politische Engagement vieler Menschen, zu dem sie sich durch die christliche Ethik motiviert fühlen. Erst auf diese Weise kommt die gesamtkulturelle Reichweite des Christentums in den Blick, die freilich theologisch immer wieder eingeholt werden muss.[160] Ein Kriterium dafür ist die „christliche (oder evangelische) Freiheit", auf die sich schon Schleiermacher immer wieder bezogen hat. In diesem Zusammenhang ist schließlich auch an hybride Sozialformen zu erinnern, die sich der Pflege gemeinsamer Spiritualität widmen, was nun abschließend am Beispiel der Ökumene zwischen evangelischen und römisch-katholischen Christ*innen dargelegt werden soll.

---

159 Barth 2021, 454.
160 Vgl. z. B. Andreas Kubik, *Theologische Kulturhermeneutik impliziter Religion. Ein praktisch-theologisches Paradigma der Spätmoderne* (Berlin/Boston: De Gruyter, 2018).

Ein ökumenischer Ausblick

Wie oben beschrieben wurde, kann man sich unter Schleiermachers Denkvoraussetzungen eine Einheits- oder Lehrökumene nicht vorstellen, weil für ihn der Protestantismus und Katholizismus eigene, aufeinander reduzierbare Gestalten des Christentums darstellen. Gleichwohl soll hier Sabine Schmidtkes Bezeichnung „Schleiermacher als Divergenz-Ökumeniker" noch einmal aufgegriffen und auf dessen Theorie der Mittelglieder bezogen werden. Unter Anwendung dieser Kategorie kann nämlich das ökumenische Interesse und Engagement vieler evangelischer und römisch-katholischer Christ*innen der Gegenwart, das nach dem Zweiten Vatikanischen Konzil in Deutschland zu einer herausragenden Pazifizierung der deutschen Religionskultur beigetragen hat, ekklesiologisch und ethisch begriffen werden. Das schließt insbesondere die spezifische ökumenische Spiritualität ein, die sich bei den Beteiligten ausgebildet hat und die sich insbesondere an der Hochschätzung der Liturgie, dem gemeinsamen Genuss des Altarsakramentes unterhalb der von Rom gesetzten kirchenrechtlichen Schranken, im wechselseitigen Respekt der kirchlichen Amtsträger und in den gemeinsamen Stellungnahmen des Rates der EKD und der Deutschen Bischofskonferenz zu aktuellen gesellschaftspolitischen Fragen zeigt. Diese vielfach gut eingespielte und funktionierende Ökumene kann mit Schleiermachers Theorie der Mittelglieder als eine auf Freiwilligkeit und Wahlanziehung beruhende binnenkirchliche Gruppenbildung verstanden werden, die sich – jedenfalls in Deutschland – zwischen der römisch-katholischen Weltkirche und dem in viele regionale Kirchen und Gruppen zerfallenden Protestantismus entwickelt und ein hohes Maß an wechselseitigem Vertrauen und religiöser Stabilität erreicht hat. Es handelt sich dabei um eine Form gemeinsam gelebten Christentums, die nun aber nicht – wie es die Bestimmungen des Zweiten Vatikanischen Konzils verlangen – eine das ganze Christentum überwölbende und integrierende Form der Ökumene darstellt, sondern vielmehr neben den anderen Gestalten christlichen Soziallebens existiert und als solche große Anerkennung genießt. Schleiermacher selbst hat in seiner Vorlesung von 1826/27 diese Möglichkeit vorsichtig angedeutet. Jenseits des für ihn maßgeblichen Gegensatzes von Protestantismus und Katholizismus hält er es für denkbar (und im Fall von sogenannten gemischten Ehen auch für geboten), dass Einzelne jenseits ihrer unterschiedlichen konfessionellen Zugehörigkeit eine gemeinsame religiöse Sozialform bilden.

> Alle Verbindungen Einzelner mit anderen Einzelnen zum Behuf des verbreitenden Handelns, abgesehen von der Gemeinschaft der sie angehören, […] müssen also beruhen auf einem von mehreren Einzelnen gleichzeitig aufgenommenen Eindruck der Empfänglich-

keit d. i. einer gleichzeitigen Aufgabe, die mehreren geworden ist. Durch diese Aufgabe ist eine solche Verbindung begriffen und durch sie auch begränzt.[161]

Was Schleiermacher hier als Ausnahme andeutet, ist in der Gegenwart, unter der Bedingung der Auflösung der klassischen konfessionellen Milieus und Bindungskräfte, eher ein Regelfall geworden und beschreibt ziemlich genau die Motive, die Reichweite, aber auch die Grenzen der ökumenischen Bewegung. Denn diese dürfte sich regelmäßig dabei überheben, wenn sie die Grenzen zwischen den Konfessionskulturen aufheben will. Sie ist aber immer dann erfolgreich, wenn eine fest umrissene Aufgabe Christ*innen unterschiedlicher Kirchenzugehörigkeit spirituell und ethisch zusammenführt. Insofern findet sich in Schleiermachers christlicher Sozialphilosophie jenseits der römisch-katholischen Idee einer institutionell-kirchlichen Einheit ein theologischer Ansatz für eine ökumenische Ekklesiologie, die zwar unter protestantischen Vorzeichen gedacht wird[162], die aber nicht – und das ist ihr großer Vorteil – defizitorientiert angelegt ist, sondern immer schon auf gelungene Formen gemeinsam gelebten Glaubens und auf das gute Gewissen der daran Beteiligten verweisen kann. Daher wird man jedenfalls für Deutschland, dem Ursprungsland der Reformation, im Sinne von Schleiermachers Dogmatik- und Ethikprogramm sagen können: Die ökumenische Haltung gehört zur christlichen Sitte.

---

161 Schleiermacher 2011a, 389–390.
162 Das hat Schleiermacher klar gesehen: „Die katholische Kirche kann eigentlich wenn sie consequent seyn will eine solche Freiheit nicht gestatten, die evangelische muß es. Wenn sie sich aber recht begreift muß sie obige Cautel beibehalten und also sagen: Jedes Mitglied der Kirche ist befugt, einer Aufforderung zu einem das Christenthum verbreitenden Handeln, die ihn mit einem Christen der zu einer anderen Gemeinschaft gehört in Verbindung bringt, zu folgen, so weit es geschehen kann ohne sein Verhältniß zu seiner Kirche zu verletzen. In dieser Ansicht und darin daß demgemäß in dem Einzelnen beides eins seyn kann, ohne Widerspruch, in diesem beruht das gute Gewissen bei allen solchen Handlungen." (Schleiermacher 2011a, 390–391).

Literaturverzeichnis

Quellen

Schleiermacher, Friedrich. *Die christliche Sitte nach den Grundsätzen der evangelischen Kirche im Zusammenhange dargestellt. Aus Schleiermacher's handschriftlichem Nachlasse und nachgeschriebenen Vorlesungen*, hg. von Ludwig Jonas. Sämmtliche Werke I/12. Berlin: Reimer, 1843 ²1884.

Schleiermacher, Friedrich. *Predigten über den christlichen Hausstand*, hg. von Johannes Bauer. Leipzig: Fritz Eckardt Verlag/Felix Meiner Verlag, 1911.

Schleiermacher, Friedrich. *Brouillon zur Ethik (1805/06)*, hg. von Hans-Joachim Birkner. Hamburg: Felix Meiner Verlag, 1981.

Schleiermacher, Friedrich Daniel Ernst. *Christliche Sittenlehre. Einleitung*, hg. von Hermann Peiter. Stuttgart: Kohlhammer, 1983.

Schleiermacher, Friedrich. *Der christliche Glaube 1821/22*, hg. von Hermann Peiter. Berlin/New York: De Gruyter, 1984a.

Schleiermacher, Friedrich. *Schriften aus der Berliner Zeit. 1796–1799*, hg. von Günter Meckenstock. Kritische Gesamtausgabe Bd. I/2. Berlin/New York: De Gruyter, 1984b.

Schleiermacher, Friedrich. *Ethik (1812/13). Mit späteren Fassungen der Einleitung, Güterlehre und Pflichtenlehre*, hg. von Hans-Joachim Birkner. Hamburg: Felix Meiner Verlag, ²1990.

Schleiermacher, Friedrich. *Kurze Darstellung des theologischen Studiums zum Behuf einleitender Vorlesungen*. Berlin: Reimer, ²1830. In *KGA I/6*, hg. von Dirk Schmid. Berlin/New York: De Gruyter, 1998.

Schleiermacher, Friedrich. *Die christliche Sitte nach den Grundsätzen der evangelischen Kirche im Zusammenhang dargestellt*, hg. von Wolfgang Erich Müller. Waltrop: Hartmut Spenner, [1884] 1999.

Schleiermacher, Friedrich. *Akademievorträge*, hg. von Martin Rössler unter Mitwirkung von Lars Emersleben. Kritische Gesamtausgabe Bd. I/11. Berlin/Boston: De Gruyter, 2002.

Schleiermacher, Friedrich Daniel Ernst. *Christliche Sittenlehre (Vorlesung im Wintersemester 1826/27). Nach größtenteils unveröffentlichten Hörernachschriften und teilweise unveröffentlichten Manuskripten Schleiermachers*, herausgegeben und eingeleitet von Hermann Peiter. Berlin: Lit-Verlag, 2011a.

Schleiermacher, Friedrich. *Selections from Friedrich Schleiermacher's Christian Ethics*, herausgegeben und übersetzt von James M. Brandt. Louisville, Kentucky: Westminster John Knox Press, 2011b.

Schleiermacher, Friedrich. *Predigten. Erste bis Vierte Sammlung (1801–1820) mit den Varianten der Neuauflagen (1806–1826)*, hg. von Günter Meckenstock. Kritische Gesamtausgabe Bd. III/1. Berlin/Boston: De Gruyter, 2012.

Literatur

Barth, Karl. „Nachwort". In Heinz Bolli, Hrsg., *Schleiermacher-Auswahl*, 290–312. Gütersloh: Mohn, ²1980.

Barth, Ulrich. „Säkularisierung und Moderne. Die soziokulturelle Transformation der Religion". In Ders., *Religion in der Moderne*, 127–165. Tübingen: Mohr Siebeck, 2003.

Barth, Ulrich. „Wissenschaftstheorie der Theologie. Ein Durchgang durch Schleiermachers Enzyklopädie". In Ders., *Kritischer Religionsdiskurs*, 263–278. Tübingen: Mohr Siebeck, 2014.

Barth, Ulrich. *Symbole des Christentums. Berliner Dogmatikvorlesung*, hg. von Friedemann Steck. Tübingen: Mohr Siebeck, 2021.

Birkner, Hans-Joachim. *Schleiermachers christliche Sittenlehre im Zusammenhang seines philosophisch-theologischen Systems*. Berlin: Verlag Albrecht Töpelmann, 1964.

Birkner, Hans-Joachim. *Die Schleiermacher-Gesamtausgabe. Ein Editionsunternehmen der Schleiermacher-Forschungsstellen Berlin und Kiel*. München: Oldenbourg, 1990.

Birkner, Hans-Joachim. „Die Kritische Schleiermacher-Ausgabe zusammen mit ihren Vorgängern vorgestellt". In Ders., *Schleiermacher-Studien*, hg. von Hermann Fischer, 309–335. Berlin/New York: De Gruyter, 1996.

Brunner, Emil. *Die Mystik und das Wort. Der Gegensatz zwischen moderner Religionsauffassung und christlichem Glauben, dargestellt an der Theologie Schleiermachers*. Tübingen: Mohr, 1924 ²1928.

Erne, Thomas. *Transzendenz im Plural. Schleiermacher und die Kunst der Moderne*. Berlin/Boston: De Gruyter, 2022.

Fritz, Martin. „Christliche Kultur ohne Christen? Eine demoskopische Erhebung des Instituts Allensbach", *Zeitschrift für Religion und Weltanschauung 85* (2/2022): 100–106.

Gerber, Simon. *Schleiermachers Kirchengeschichte*. Tübingen: Mohr Siebeck, 2015.

Herms, Eilert. „Schleiermacher als christlicher Theologe. Die Bedeutung der Hallenser Professur". In Andreas Arndt, Hrsg., *Friedrich Schleiermacher in Halle 1804–1807*, 17–30. Berlin/Boston: De Gruyter, 2013.

Herms, Eilert. *Systematische Theologie*. Tübingen: Mohr Siebeck, 2017.

Höhne, Florian und Frederike van Oorschoot, Hrsg. *Grundtexte Öffentliche Theologie*. Leipzig: Evangelische Verlagsanstalt, 2015.

Knoblauch, Hubert. *Religionssoziologie*. Berlin/New York: De Gruyter, 1999.

Kubik, Andreas. *Theologische Kulturhermeneutik impliziter Religion. Ein praktisch-theologisches Paradigma der Spätmoderne*. Berlin/Boston: De Gruyter, 2018.

Luckmann, Thomas. *Die unsichtbare Religion*. Frankfurt am Main: Suhrkamp, 1991.

Luhmann, Niklas. *Funktion der Religion*. Frankfurt am Main: Suhrkamp, 1982.

Lülmann, Christian. *Schleiermacher, der Kirchenvater des 19. Jahrhunderts*. Tübingen: Mohr, 1907.

Nietzsche, Friedrich. „Unzeitgemäße Betrachtungen. Zweites Stück: Vom Nutzen und Nachtheil der Historie für das Leben". In Ders., *Sämtliche Werke. Kritische Studienausgabe I*, hg. von Giorgio Colli und Mazzino Montinari, 245–334. München: Deutscher Taschenbuch Verlag, ²1988.

Ohst, Martin, Hrsg. *Schleiermacher-Handbuch*. Tübingen: Mohr Siebeck, 2017.

Pollack, Detlef und Gergely Rosta. *Religion in der Moderne. Ein internationaler Vergleich*. Frankfurt am Main: Campus Verlag, 2015.

Pollack, Detlef. *Religion und gesellschaftliche Differenzierung. Studien zum religiösen Wandel in Europa und den USA*. Tübingen: Mohr Siebeck, 2016.

Rebert, Christian. *Lebenssinn Familie. Bedeutungsdimensionen von Geschlechter- und Generationenverhältnissen im Anschluss an F.D.E. Schleiermacher*. Schleiermacher-Archiv; Bd. 31. Berlin/Boston: De Gruyter, 2020.

Robinson, Matthew Ryan. *Redeeming Relationship, Relationships that Redeem. Free Sociability and the Completion of Humanity in the Thought of Friedrich Schleiermacher*. Tübingen: Mohr Siebeck, 2018.

Rössler, Martin. *Schleiermachers Programm der Philosophischen Theologie*. Schleiermacher-Archiv 14. Berlin/New York: De Gruyter, 1994.

Rössler, Martin. „Protestantische Individualität. Friedrich Schleiermachers Deutung des konfessionellen Gegensatzes". In Arnulf von Scheliha, Markus Schröder, Hrsg., *Das protestantische Prinzip. Historische und Systematische Studien zum Protestantismusbegriff*, 55–75. Stuttgart: Kohlhammer, 1998.

Schmidtke, Sabine. „Schleiermacher als Ökumeniker". In Anne Käfer, Constantin Plaul, Florian Priesemuth, Hrsg., *Der reformierte Schleiermacher. Prägungen und Potentiale seiner Theologie*, 221–233. Schleiermacher-Archiv 28. Berlin/Boston: De Gruyter, 2020.

Schröder, Markus. *Die kritische Identität des neuzeitlichen Christentums. Schleiermachers Wesensbestimmung der christlichen Religion*. Tübingen: Mohr, 1996.

von Scheliha, Arnulf. „Die Beziehungen der Völker nach Schleiermachers Staatslehre", *ZNThG/JHMTh 12* (2005): 1–15.

von Scheliha, Arnulf. „Sources of Normativity in Schleiermacher's Interpretation of Culture". In Brent W. Sockness, Wilhelm Gräb, Hrsg., *Schleiermacher, the Study of Religion, and the Future of Theology. A Transatlantic Dialogue*, 285–298. Berlin/New York: De Gruyter, 2010.

von Scheliha, Arnulf. „Schleiermacher als politischer Denker". In Andreas Arndt, Kurt-Victor Selge, Hrsg., *Schleiermacher – Denker für die Zukunft des Christentums*, 83–99. Berlin/New York: De Gruyter, 2011.

von Scheliha, Arnulf. „Die Taufe. Ein Beitrag zur ethischen Interpretation eines dogmatischen Themas". In Roderich Barth, Andreas Kubik, Arnulf von Scheliha, Hrsg., *Erleben und Deuten. Dogmatische Reflexionen im Anschluss an Ulrich Barth*, 325–344. Tübingen: Mohr Siebeck, 2015.

von Scheliha, Arnulf. „The Development of Individuality. Some Considerations on the Importance of Friendship in Schleiermacher's Social Theory". In Matthew Ryan Robinson, Kevin M. Vander Schel, Ed., *Beyond Tolerance. Schleiermacher on Friendship, Sociability, and Lived Religion*, 25–38. Berlin/Boston: De Gruyter, 2019.

von Scheliha, Arnulf. „Fit und Fair. Überlegungen zu einer Körperlichkeits- und Sportethik". In Klaas Huizing, Stephan Schaede, Hrsg., *Was ist eigentlich normal? Zur Produktion von Normalität in unserer Gesellschaft*, 85–101. München: Claudius, 2020a.

von Scheliha, Arnulf. „‚Kirchenzucht'. Reformierte Themen in der Christlichen Sittenlehre Friedrich Schleiermachers". In Anne Käfer, Constantin Plaul, Florian Priesemuth, Hrsg., *Der reformierte Schleiermacher. Prägungen und Potentiale seiner Theologie*. Schleiermacher-Archiv; Bd. 28, 153–172. Berlin/Boston: De Gruyter, 2020b.

von Scheliha, Arnulf. „Die christlichen Häuser als ‚Pflanzstätten des künftigen Geschlechts' – Familienethische, religionspädagogische und sozialethische Grundeinsichten in Friedrich Schleiermachers ‚Predigten über den christlichen Hausstand'". In Sarah Schmidt, Hrsg., *Von der Reformation zur Restauration. Schleiermacher in Berlin 1813–1821* (Arbeitstitel, erscheint 2023).

Internetressourcen

DFG – GEPRIS. Theologische Ethik als Kulturtheorie. Hybridedition von F.D.E. Schleiermachers Vorlesungen über Christliche Sittenlehre und ihre historische und systematische Erschließung, https://gepris.dfg.de/gepris/projekt/452482296?context=projekt&task=showDetail&id=452482296&.

Institut für Ethik und angrenzende Sozialwissenschaften der Evangelisch-Theologischen Fakultät Münster. Theologische Ethik als Kulturtheorie. Hybridedition von F.D.E. Schleiermachers Vorlesungen über Christliche Sittenlehre und ihre systematische Erschließung, https://www.uni-muenster.de/EvTheol/ifes/dfg-langzeitprojekt/index.html.

Schleiermacher digital. *Tageskalender*, https://schleiermacher-digital.de/tageskalender/index.xql.

Schleiermacher digital. *Vorlesungen*, https://schleiermacher-digital.de/vorlesungen/index.xql.

Theologische Fakultät der Christian-Albrechts-Universität zu Kiel. *Die Kritische Schleiermacher-Gesamtausgabe*, https://www.theol.uni-kiel.de/de/institute-lektorate-einrichtungen/weitere-einrichtungen/schleiermacher-forschungsstelle/gesamtausgabe.

www.ingramcontent.com/pod-product-compliance
Lightning Source LLC
Chambersburg PA
CBHW020628300426
44112CB00010B/1237